Der Geschichtenbär — Mit bunten Bildern

Anne Braun

Weihnachten ist es bald

Das große Geschichtenbuch

Mit farbigen Bildern von
Christa Unzner

Die Deutsche Bibliothek – CIP-Einheitsaufnahme

Weihnachten ist es bald: Das große Geschichtenbuch / Anne Braun.
Mit farb. Bildern von Christa Unzner.
– 1. Aufl. - Würzburg: Benziger Edition im Arena Verlag, 1994
(Der Geschichtenbär: Mit bunten Bildern)
ISBN 3-401-07172-6
NE: Braun, Anne [Hrsg.]; Unzner, Christa

———————————

1. Auflage 1994
© Benziger Edition im Arena Verlag GmbH, Würzburg 1994
Alle Rechte vorbehalten
Herausgegeben von Anne Braun
Einband und Innenillustrationen von Christa Unzner
Gesamtherstellung: Chemnitzer Verlag und Druck GmbH,
Werk Zwickau
ISBN 3-401-07172-6

Inhalt

1. KAPITEL
ZAUBER DES ADVENTS

2. KAPITEL
VON WEIHNACHTSMÄNNERN UND TANNENBÄUMEN

3. KAPITEL
RUND UM DIE KRIPPE

1. Kapitel

Zauber des Advents

HEIDI KAISER

Was der Winter bringt

Mit den Vögeln ist der Herbst fortgeflogen,
der Winter kommt ins Land gezogen
und zeigt, was er kann:
Rauh wehn die Winde,
sie malen dem Kinde
die Wangen rot an.
Über Nacht schickt er Eis, glänzend und glatt.
Da stolpert und holpert
und purzelt und schnurzelt,
was Beine nur hat.
Klamme Hände, rote Nasen
(und niemand denkt an den Osterhasen),
Husten und Halsweh,
Mutter kocht Kamillentee.

Schneemützen und -hauben,
frierende Tauben
mit Plustergefieder,
Weihnachtslieder.
Geschichten erzählen,
Geschenke auswählen.
Kerzen und Kuchen
(willst du ihn versuchen?),
Äpfel und Nüsse
und Weihnachtsgrüße.
Stahlblauer Himmel,
Sternengewimmel in klarer Nacht . . .
Das alles hat der Winter gebracht –
und schließlich noch die Heilige Nacht.

Noch vierundzwanzig Tage . . . !

Der Advent kann zaubern«, sagt Lisa und betrachtet liebevoll den Adventskranz mit den roten Kerzen und den dicken Schleifen.

»Zaubern?« fragt Annie. »Wie denn?«

Lisa zuckt die Achseln. »Weiß nicht. Das hat Mutti gesagt. Der Advent, hat sie gesagt, ist ein richtiger Zauberer, und man kann manchmal sein kleines Wunder erleben.«

»Na ja«, meint Annie und seufzt tief. »Dann soll er mal zaubern, daß schnell Weihnachten ist. Ich weiß nämlich nicht, wie ich die Zeit bis dahin noch aushalten soll.«

Lisa muß lachen. »Ich glaube«, meint sie, »so hat Mutti das nicht gemeint. Leider.«

»Ja«, brummt Annie, »leider. Wo es doch noch so lange bis Weihnachten dauert! Noch vierundzwanzig Tage. Schrecklich.«

Sie schüttelt sich und starrt auf das Adventskalenderbild mit den vierundzwanzig verschlossenen Türchen.

»Noch vierundzwanzigmal schlafen«, seufzt sie.

»Falsch«, sagt Lisa. »Heute ist doch schon erster Adventstag! Also müssen wir nur noch dreiundzwanzigmal schlafen, und heute dürfen wir das erste Adventskalendertürchen öffnen.«

»Auja«, ruft Annie. »Darf ich?«

Lisa nickt großzügig, obwohl sie auch gerne das Türchen geöffnet hätte. Aber Annie ist zwei Jahre jünger und noch so kindisch! »Jaja«, sagt sie deshalb und fühlt sich dabei schrecklich erwachsen. Trotzdem sieht sie neugierig auf das Türchen. Was wohl drin sein mag?

Vorsichtig öffnet Annie das Türchen. »Oh«, ruft sie dann, »Schokolade. Eine Schokoladenkerze. Fein!« Sie will sich die Schokolade in den Mund stecken, doch dann besinnt sie sich, beißt ein Stückchen ab und gibt es Lisa. »Da«, sagt sie großzügig. »Für dich.«

Lisa fängt an zu lachen. »Hihi«, sagt sie, »Mutti hat recht. Der Advent kann wirklich zaubern. Danke für die Schokolade.«

»Zaubern? Wieso?« fragt Annie verdutzt und sieht sich um. Aber da ist nichts Verzaubertes. »Du spinnst«, sagt sie, und dann muß sie auch lachen.

Dann betrachtet sie sich das Bild hinter dem ersten Kalendertürchen. Es ist ein Adventskranzbild.

»Schön«, sagt Annie, »das paßt zu heute.« Sie sieht zu dem Kranz mit den roten Kerzen, der auf dem Tisch steht. »Meinst du, wir dürfen eine Adventskerze anzünden?« fragt sie vorsichtig.

»Das dürfen wir erst am ersten Adventssonntag.«

Annie fängt an zu betteln. »Nur ein kleines bißchen.«

»Da mußt du Mutti fragen!«

Das läßt sich Annie nicht zweimal sagen. Blitzschnell saust sie zu Mutti und läßt nicht locker, bis Mutti kommt.

»Dürfen wir eine Kerze am Adventskranz anzünden? O bitte!«

»Ihr wollt wohl ein bißchen träumen?« fragt Mutti und lächelt.

»Träumen?«

»Ja, der Advent kann doch zaubern, und die Adventskranzkerzen helfen ihm ein bißchen dabei.«

»Die Adventskranzkerzen?«

Mutti nickt. »Ja, manchmal. Wenn man Glück hat.«

»Und was zaubern sie?«

»Träume. Die Adventskranzkerzen sind rechte Traumzauberer.«

Lisa und Annie staunen. Traumzauberer! Das klingt schön.

»Was sind das für Träume?« fragt Lisa.

»Oh«, meint Mutti, »das sind wunderschöne Träume: von Weihnachts-
lichtern und Geheimnissen, von Zauberbäumen und Sternenwiesen, von
Märchenriesen und Winterabenteuern und natürlich vom Weihnachtsland.«

»Vom Weihnachtsland?«

»Richtige Träume?«

Mutti nickt. »Ja, und die Träume erzählen euch Geschichten. Viele unter-
schiedliche Geschichten: lustige und aufregende, spannende und ernste,
fröhliche und auch traurige.« Lisa und Annie sind ganz aufgeregt.

»Oh«, ruft Annie, »wo ich doch Geschichten so gern mag!«

»Und auch Träume!« fügt Lisa schnell hinzu.

»Ach.« Annie fängt an zu betteln. »Dürfen wir eine Adventskranzkerze
anzünden?«

»Na ja«, meint Mutti, »warum eigentlich nicht? Das ist eine hübsche Idee.
Wir müssen ja nicht unbedingt auf den ersten Adventssonntag warten.«

Lisa und Annie schütteln den Kopf. »Nein, das müssen wir nicht«, rufen
sie, und Annie fügt schelmisch hinzu: »Jeden Tag ein bißchen träumen
ist viel schöner.«

Mutti lächelt. »Dann laßt uns das doch tun! Einverstanden?«

»Jeden Tag?« freut sich Lisa. »Einverstanden. Und wie!«

Und Annie ruft: »Juchhu! Ich freu' mich auf den Advent. Schade, daß es
nur vierundzwanzig Tage sind!«

GINA RUCK-PAUQUÈT
Paradies-Schnee

In den Straßen, wo die vielen Autos fahren, ist der Schnee schmutzig, und auf den Gehsteigen sieht er auch nicht besser aus. Aber im Stadtgarten, da liegt er frisch und weiß auf den Wiesen. Unberührt bis auf eine krakelige Vogelspur hie und da.

»Die Bäume halten sich ganz still, damit der Schnee nicht runterfällt«, sagt Susi, »nicht wahr?«

Eckhard nickt.

»Sag, woher kommt der Schnee?«

»Aus den Wolken«, erklärt Eckhard, »die haben die ganzen Bäuche voll davon.«

»Und warum ist er immer nur weiß und nie rot?« will Susi jetzt wissen.

»Weil er sonst Flecken machen würde.«

»Kann man Schnee essen?« fragt Susi.

»Ja«, sagt Eckhard, »aber er ist so kalt, da kriegt man Bauchschmerzen.«

»Ein bißchen?«

»Nein«, sagt Eckhard, und er nimmt seine kleine Schwester fest an der Hand. »Paß auf, wie viele Wörter es mit Schnee gibt«, lenkt er sie ab: »Schneeball, Schneewetter, Schneemann . . .«

»Schneefrau!« schreit Susi.

»Schneesturm«, fährt Eckhard fort, »Schneeschaufel . . . Schneekönigin . . .«

»Schneenasi«, sagt Susi.

»Nein«, sagt Eckhard.

»Doch«, sagt Susi, »weil mir nämlich Schnee auf die Nase gefallen ist!«

»Na gut«, meint Eckhard. »Schneeräumer . . . Schneeschuhe . . .«

»Schneestrümpfe!« brüllt Susi und hüpft auf einem Bein, »Schneehütte, Schneevögel!«

»Komm, wir machen eine Schneeballschlacht!« ruft Eckhard. »Los!«

Da bewerfen sie sich mit Schneebällen. Die Susi schmeißt, so fest sie kann. Der Eckhard darf das aber nicht, weil seine kleine Schwester dann losheult.

»Pah«, macht Susi, »ich krieg' keine Luft mehr!«

Jetzt schneit es mehr und mehr. Dichte Flocken segeln herab.

»War voriges Jahr auch Winter?« fragt Susi.

»Klar«, antwortet Eckhard. »Erinnerst du dich nicht mehr?«

»Und vorvoriges Jahr?«

»Da auch.«

»Und vorvorvoriges Jahr?« Susi ist eine Nervensäge.

»Jedes Jahr ist Winter«, erklärt Eckhard.

»Ganz früher auch?«

»Ja«, sagt Eckhard.

»Woher weißt du das?«

Eckhard denkt nach.

»Von der Mama.«

»Und woher weiß es die Mama?«

»Von der Großmama. – Siehst du den Vogel da?« versucht er sie abzulenken. »Ja«, sagt Susi. »Und von wem weiß die Großmama es?«

»Von ihrer Mutter«, sagt Eckhard. »Der Urgroßoma.«

»Und die?« bohrt Susi weiter.

»Von der Ururgroßoma. Der hat es die Urururgroßoma erzählt, und die erfuhr es von der Ururururgroßoma.«

»Und die von der Urururururur . . .« Jetzt macht es Susi erst recht Spaß!

»Ja«, sagt Eckhard, »und immer so weiter zurück.«

»Bis wohin?« fragt Susi.

Eckhard stöhnt.

»Wo sind denn deine Handschuhe?« fragt er.

»Weiß ich nicht«, sagt Susi. »Bis wohin?«

»Bis zu Adam und Eva im Paradies!«

»Im Paradies ist immer Sommer!« sagt Susi.

»Wieso?« fragt Eckhard.

»Weil da immer Sommer ist! Auf allen Paradiesbildern ist Sommer!«

Susi hat recht. Die Wiesen sind immer grün, und die Blumen blühen.

»Im Paradies ist auch Winter gewesen!«

»Warum?« fragt Susi.

»Weil das Paradies ein wunderschöner Ort war«, sagt Eckhard, »und weil Winter auch wunderschön ist. Und weil er zu einem wunderschönen Ort dazugehört.«

Susi guckt zu ihm hoch.

»Ja«, sagt sie. »Und die Tiere?« fragt sie. »Und die Leute?«

»Die Leute waren Adam und Eva«, sagt Eckhard. Da fällt ihm ein, daß die ja keine Kleider hatten. »Im Paradies war der Schnee nicht kalt«, sagt er.

»Echt?« fragt sie. »Woher weißt du das?« fragt sie.

»Von niemandem auf der ganzen, weiten Welt«, sagt Eckhard. »Von mir ganz allein.«

»Da mußten sie nicht frieren«, sagt Susi.

»Aber ich friere«, fügt sie hinzu. »Trag mich ein bißchen!«

Ob es wirklich Winter gab im Paradies? denkt Eckhard, während er seine kleine Schwester huckepack nach Hause trägt. Ganz bestimmt, denkt er, und ich bin der erste, dem es eingefallen ist.

18

URSEL SCHEFFLER

So viel Licht wegen einem Kind

Kommt mit!« rief der kleine Spatz aufgeregt den anderen Vögeln zu. »Ich hab' einen Baum gesehen, der blüht! Mitten im Winter!«

»Du bist verrückt!« sagte die Waldohreule. »Einen Baum, der im Winter blüht? Das gibt es nicht!«

»Du wirst die Schneeflocken auf dem Kirschbaum für Blüten gehalten haben!« keckerte die Elster. Und dann machten sich alle Waldtiere lustig über den kleinen Spatzen.

»Was ich gesehen habe, habe ich gesehen«, tschilpte der kleine Spatz und steckte beleidigt den Kopf unter den Flügel.

Es war kalt. Der Schnee sank in dicken Flocken auf die dunklen Äste der Bäume, die sich wie dunkle Hände in den Himmel streckten. Sie bekamen weiße Handschuhe und weiße Finger. Wenn ein Vogel ein wenig unvorsichtig auf ihnen landete, schüttelten sie den Schnee wie Puderzucker ab.

Als es dunkel wurde, zogen sich alle Waldtiere in ihre Schlupfwinkel zurück. Bis auf die, die Nachtdienst hatten. Die Eule zum Beispiel und die Fledermaus.

Der kleine Spatz saß ganz allein auf einem Buchenast und träumte von seinem Blütenbaum. Wunderschön leuchtende Blüten waren es gewesen! Am nächsten Morgen, als sich der Himmel im Osten hinter den Tannenspitzen rot färbte, machte sich der kleine Spatz auf die Reise. Er wollte den wunderschönen Baum wiedersehen. Der Weg war weit. Aber er erinnerte sich genau: Er mußte über den See fliegen, bis hin zur Stadt. Auf einer Vogelscheuche machte er Rast. Dann flog er weiter. Tatsächlich, da stand sein Baum in einem Garten vor einem hellgrauen Haus und blühte in der Morgendämmerung.

Diesmal flog der kleine Spatz näher heran und stellte fest,
daß es in den Nachbargärten auch blühende Bäume gab,
die weithin leuchteten und golden glänzten. Als er über die Dächer flog,
entdeckte er diese Blütenbäume auch in den Straßen der Stadt und auf
den Plätzen.

Ich muß zurück! dachte der kleine Vogel. Sein Herz klopfte aufgeregt.
Das mußte er unbedingt den anderen Waldvögeln zeigen, damit sie ihm
endlich glaubten.

Aber als er gegen Mittag zusammen mit den anderen Vögeln die Stadt
erreichte, war die Blütenpracht verschwunden. Nur dunkle Tannenbäu-
me standen da. Sonst nichts.

»Du hast uns angeschwindelt. Jetzt sind wir so weit geflogen wegen
nichts und wieder nichts!« rief die Elster ärgerlich.

»Bei dieser Kälte schlage ich mir den Tag um die Ohren. Nur weil du dir
etwas eingebildet hast, was es nicht gibt!« schimpfte die Eule. Sie flog auf
einen großen Tannenbaum, um ein bißchen von ihrem versäumten Schlaf
nachzuholen.

Da begann es wieder zu schneien.

Die vielen neugierigen Tannenmeisen, die mitgekommen waren, ruhten
sich auf einem Brunnen aus, der mit Brettern vor dem Frost geschützt war.
Sie waren zum erstenmal in der Stadt und beobachteten neugierig die
Menschen, die dick vermummt und schweigend durch den Flockenwirbel
hasteten. Sie schleppten Pakete und volle Taschen mit sich herum.

»Was ist denn das!« rief eine Meise plötzlich. Sie entdeckte ein Futter-
häuschen, das vor einem Fenster aufgehängt war, und flog hinauf.

»He! Freunde! Sonnenblumenkerne im Winter! Das findet man sonst nur
in Eichhörnchennestern!« rief sie. »Kommt alle mal her!«

»Wir sollten zurückfliegen!« mahnte das Rotkehlchen, nachdem alle satt
waren. Doch die meisten der jungen Vögel fanden es viel zu aufregend
in der Stadt und wollten noch ein bißchen bleiben. Zum Schluß gab es
einen großen Streit mit einer Hänflingfamilie.

»Verschwindet! Das ist unser Futterplatz!« rief der Hänflingvater, und

dann schlug er mit den Flügeln um sich und hackte mit dem Schnabel, daß die Federn seiner Konkurrenten nur so durch die Gegend flogen. Plötzlich wurde es still auf dem Hinterhof. So still, daß man eine Schneeflocke fallen hören konnte.

Aus einem Fenster erklang Musik.

Es war eine feierliche Melodie, die selbst die streitbaren Hänflinge friedlich stimmte. Wunderschön. Schöner als der schönste Frühlingsgesang, fand der kleine Spatz. Und dann sang eine Stimme dazu. Sie erzählte von einem Kind, das in einer Winternacht geboren wurde, und daß sich alle Menschen darüber freuten. Und dann wurde es auf einmal ganz hell ringsum. Die Bäume in den Gärten begannen wieder zu blühen!

»Seht doch! Seht doch!« rief der kleine Spatz aufgeregt.

Die alte Eule fuhr erschrocken aus dem Schlaf und flatterte mit den Flügeln, weil sie dachte, daß die Tanne unter ihren Füßen Feuer gefangen hätte.

»Die Bäume blühen wirklich!« rief die Tannenmeise.

»Sie blühen sogar in den Zimmern!«

»Sie blühen nicht, sie glühen!« belehrte sie ein stadterfahrener Amselvater, der sich über das unwissende Waldvogelvolk lustig machte, das er eine ganze Weile beobachtet hatte. »Das ist jedes Jahr im Dezember so. Da feiern die Menschen Weihnachten.«

»Er hat also recht gehabt, der kleine Spatz«, murmelte die alte Eule. »Die Bäume blühen im Winter, das ist ein Wunder, das ich nicht begreife.«

»Weihnachten, was ist das?« fragte der kleine Spatz.

»Zu Weihnachten ist das Christkind geboren. Das ist fast zweitausend Jahre her. Aber die Menschen feiern jedes Jahr seinen Geburtstag«, erklärte der Amselvater.

»So viel Licht wegen einem Kind, das vor so langer Zeit geboren ist?« wunderte sich der Spatz.

Aber wie soll ein kleiner Vogel das große Weihnachtswunder verstehen, verstehen es doch die Menschen kaum.

BARBARA CRATZIUS

Der neue Engel

Heute hat Frau Krause im Kindergarten die erste Kerze am Adventskranz angezündet. Die Kinder kommen hereingestürmt. Im großen Gruppenraum ist es ganz schummerig. Da werden auch der wilde Jörg und Michael still, setzen sich leise auf ihre Plätze und gucken in das flackernde Kerzenlicht.

»Wollen wir heute unser Weihnachtsspiel weiterüben?« fragt Frau Krause. »O ja!« rufen die Kinder durcheinander.

»Ich möchte heute mal den Mohrenkönig spielen!« schreit Nils. »Nein, ich!« ruft Frank. Schon stürzen die beiden zur Spielkiste. Jeder will sich zuerst den großen weißen Turban mit der glänzenden Brosche herausziehen. Beinahe hätten sie ein kleines dunkelhaariges Mädchen umgerannt, das, nahe an die Mutter gepreßt, schüchtern an der Tür steht. Mit großen schwarzen, ängstlichen Augen guckt sie auf die streitenden Jungen vor ihr. Frau Krause geht freundlich auf die beiden zu. »Ach, da ist ja unsere kleine Carmen!« sagt sie lächelnd. »Das paßt ja gut, daß sie so früh kommt, dann kann sie gleich zugucken, wenn wir unser Weihnachtsspiel üben. Komm, Carmen, setze dich hierher neben Peter und Gesa.«

Schüchtern setzt sich das kleine Mädchen hin. Die Mutter gibt ihr einen Kuß und winkt ihr noch einmal zu. Dann ist Carmen ganz allein zwischen all den vielen neuen Gesichtern.

»So, das ist Carmen aus Spanien!« sagt Frau Krause. »Sie kann noch gar kein Wort Deutsch. Ihr müßt wirklich nett zu ihr sein und versuchen, mit ihr zu spielen und mit ihr zu sprechen, auch wenn sie es zuerst nicht versteht. Vielleicht kann auch mal am Nachmittag jemand sie besuchen.

Gesa, sie wohnt in derselben Straße wie du. Gehe doch heute mittag mit ihr nach Hause und hole sie morgen früh ab!«

»So, nun wollen wir aber spielen!« drängen die Kinder.

Frank kommt schon mit der großen Krone vom König Balthasar und mit dem schönen roten Königsmantel anmarschiert. Robert ist der König Melchior mit einer langen bunten gestickten Schleppe. Die goldenen Ketten am Hals und an den Armen glitzern.

Nils hat schon als Mohrenkönig den weißen Turban aufgesetzt. »Schade – ich hab' bloß keine Ohrringe gefunden!« ruft er. »Du – die Carmen hat doch so schöne Ohrringe, die kannst du ja nehmen!« lacht Peter.

»Was – ein Mädchen mit Ohrringen!« Olaf und Jörg lachen laut los.

Jetzt schauen auch die anderen die kleine Neue näher an. »Guck mal, was die für einen weiten Rock anhat, die sieht aus wie eine Faschingsprinzessin!« grinst Karen. »Lauter Rüschen! Ob die nicht mal richtige Jeans hat?« Die Kinder starren die kleine Prinzessin an. Carmen weiß nicht, wo sie hinschauen soll.

»So, jetzt laßt sie endlich in Ruhe!« ruft Frau Krause. »Nils, Frank und Olaf, nehmt eure Geschenke in die Hand! Kommt schön langsam durch den Sand geschritten und erzählt uns, was ihr in der Wüste alles gesehen und erlebt habt!«

»Ich sehe ganz viele Palmen!« ruft Robert. »Und ich hab' solchen Durst! Gibt es denn hier keinen Brunnen in der Nähe?« fragt Frank. »Mein Kamel hat mich runtergeworfen!« jammert Nils.

Nun wollen die anderen Kinder auch mitspielen. Karen will Hirtenjunge sein, Gesa will den alten Hirten spielen, viele Kinder wollen einfach Schafe und Hunde sein. Den schönen roten Mantel der Maria und den großen Hirtenhut des Josefs wollen auch mehrere Kinder ausprobieren. Carmen sitzt ganz still auf ihrem Stuhl und beobachtet die spielenden Kinder. »Möchtest du auch etwas haben?« fragt Frau Krause und hält ihr ein großes weißes Schaffell hin. Carmen schüttelt ängstlich den Kopf.

Als sie sich nachher um die Strohhalme und den Kakao drängen, wird

sie immer wieder zurückgestoßen. Nils zupft sie von hinten an ihrer großen roten Schleife. Peter pufft sie in die Seite.

Endlich ist es Mittag. »Komm!« sagt Gesa, »wir gehen zusammen nach Hause!«

Draußen wartet schon die Mutter von Carmen. Gesa wundert sich, wie laut und schnell Carmen plötzlich sprechen kann. Ihr ängstliches Gesicht hellt sich auf, sie sieht richtig hübsch aus, als sie der Mutter schnell und hastig all ihre Erlebnisse am ersten Tag im Kindergarten erzählt.

Schon stehen sie vor Carmens Haus. »Spielen?« fragt Carmens Mutter. Eigentlich hat Gesa keine Lust. Aber die kleine Neue schaut sie ganz bittend an. Carmens Mutter hält vier Finger hoch. »Vier – du kommen?«

»Na gut«, sagt Gesa zögernd, »ich komme mal kurz bei euch vorbei!« Aber dann bleibt sie doch über zwei Stunden. Es gibt so viel zu sehen bei der spanischen Familie, und es ist auch gar nicht langweilig.

Sie kann es kaum erwarten, am nächsten Tag Frau Krause und den anderen Kindern alles zu erzählen.

»Und eine Krippe haben die! Richtig tolle Holzfiguren, ganz große, Maria und Josef und viele Engel. Und obendrüber hat der Vater von Carmen eine Glühbirne angebracht, die strahlt ganz hell, wenn es dunkel ist. Und ich weiß auch, was Carmen in unserem Weihnachtsspiel sein kann! Sie hat nämlich ein ganz tolles weißes Kleid mit lauter Rüschen und Falten aus Spanien. Darauf kann sie Sterne kleben, und dann ist sie der Engel an der Krippe! Da braucht sie kein Wort zu sprechen, nur ganz ernst zu gucken!«

»Du, das ist eine ganz tolle Idee!« sagt Frau Krause. »Das wollen wir doch gleich mal versuchen, auch ohne Engelskleid! Komm, Carmen, nimm die Kerze in die Hand! Du bist nicht so zappelig, dir kann ich die Kerze sogar anzünden!« Carmens dunkle Augen strahlen.

HANNA HANISCH
Die Weihnachtsdistel

Komm, Jochen!« sagt der Vater. »Wir wollen ein bißchen frische Luft schnappen, wir beide.«

Jochen schaut aus dem Fenster.

Blödes Wetter! Nicht einmal richtiger Schnee ist gefallen. Nur grauer Matsch liegt auf der Straße.

Dann überlegt er: Vater hat zwei Stunden Mensch-ärgere-dich-nicht mit ihm gespielt. Nein, er kann Vater nicht im Stich lassen.

Er zieht seine gelben Gummistiefel an, den blauen Anorak, er hängt sich den roten Schal um den Hals. Dann ziehen sie los, Jochen und Vater, immer die Straße lang.

Am Ende der Straße liegt ein Platz, ein leerer, unbebauter Platz. Er ist häßlich und kahl. Zwischen hartem, gelbem Gras liegt ein wenig Schnee. Am Rande wuchert Weißdorngebüsch. Eine zerfetzte Matratze liegt herum, Blechdosen, ein Stück Ofenrohr. Papierfetzen treiben im Wind.

Schade, denkt Jochen, im nächsten Jahr fangen sie hier mit dem Bauen an. Es war ein prima Fußballplatz. Niemand hat geschimpft.

Der Vater bleibt plötzlich stehen. Er scheint etwas zu beobachten. Jochen wundert sich: Was gibt es hier schon zu sehen?

»Paß auf!« sagt der Vater. »Ich gebe dir jetzt ein Rätsel auf. Es ist etwas, das sich hier auf dem Bauplatz befindet:

> ›Faßt du mich, so kratz' ich dich.
> Frißt du mich, so stech' ich dich.
> Nur die Esel mögen mich.‹«

27

Jochen hat Spaß am Rätselraten. Er schaut sich um. Die alte Matratze? Kann es nicht sein. Das Ofenrohr, die Blechbüchse? Auch nicht. Die Papierfetzen? Na, das ist aber ein komisches Rätsel!

»Da, schau!« sagt der Vater. Er zeigt auf eine hohe, trockene Distel. Sie steht am Rand des Platzes. »Du mußt sie gegen das Licht betrachten.«

Eine Distel? Vielen Dank. Die würde Jochen nicht anfassen. Er ist doch kein Esel.

Dann kneift er ein wenig die Augen zusammen. Wie ein Scherenschnitt steht sie vor ihm. Die kleine Krone auf dem Samenkopf, die stachligen Blätter heben sich zart vom grauen Himmel ab.

Der Vater holt sein Taschenmesser heraus. Vorsichtig schneidet er den langen, harten Stiel ab und wickelt seinen Handschuh darum.

»Soll das ein Blumenstrauß sein?« lacht Jochen.

»Warum nicht? Mutter könnte sie in die Adventsvase stecken.«

Das will Jochen nicht in den Kopf. Was hat eine vertrocknete Distel mit Advent zu tun? Die ist viel zu schäbig für eine Vase mit Tannengrün.

»Ich werde sie vergolden«, sagt Jochen. »Mit Gold aus meinem Tuschkasten. Dann wird sie Mutter gefallen.«

»Na ja, wenn du meinst«, sagt der Vater, »ich dachte nur an den Esel.«

»An welchen Esel?«

»Der von Nazareth nach Bethlehem gezogen ist. Damals. Da waren die Disteln am Wege gewiß nicht vergoldet.«

»Da war überhaupt nichts vergoldet«, sagt Jochen, »richtig ärmlich war das. Der kalte Stall und bloß ein bißchen Stroh. Nicht mal eine Matratze haben sie gehabt!«

»Wird wohl so gewesen sein«, sagt der Vater.

Sie gehen eine Weile stumm nebeneinander, wieder die Straße zurück.

»Ich werde sie nicht vergolden«, sagt Jochen plötzlich, »sonst schmeckt sie dem Esel nicht.«

»Ja«, sagt der Vater, »eine Weihnachtsdistel braucht man nicht zu vergolden. Die ist auch so schön genug.«

MAX BOLLIGER

Sollte es das Christkind gewesen sein?

Es war einmal eine gute Frau, die sich an Weihnachten eine Ehre daraus machte, arme Kinder zu beschenken. Schon lange vor dem Fest fing sie an, Kuchen zu backen, um sie in der Kirche vor der Krippe zu verteilen.

Als sie mit ihrer Arbeit fertig war, erfüllte ein herrlicher Duft das Haus und drang bis auf die Straße hinaus. In Reih und Glied standen die Kuchen auf einem langen Tisch. Ihr Anblick erfüllte die gute Frau mit Stolz und Freude.

Da klopfte es plötzlich an der Tür.

Vor der Tür stand ein fremdes Kind und schaute sie bittend an.

»Gibst du mir einen Kuchen?« fragte es.

Aber es reute die gute Frau, einen der Kuchen jetzt schon wegzugeben.

»Wo denkst du hin?« sagte sie. »Weihnachten ist erst in einer Woche!«

»Weihnachten ist heute«, sagte das Kind.

Doch die gute Frau dachte an nichts anderes, als das Kind wolle mit List einen ihrer Kuchen ergattern.

Sie wies ihm streng die Tür.

Am Heiligabend packte sie die Kuchen ein.

Aber als sie damit in die Kirche ging, sah sie den Pfarrer und den Küster aufgeregt vor der Krippe stehen.

Sie war leer.

Da erinnerte sich die Frau an das fremde Kind und erschrak.

Sollte es das Christkind gewesen sein?

Der Wunschzettel oder Das Christkind ist da

Der 8. Dezember

»Jetzt wird es aber höchste Zeit für eure Wunschzettel«, sagt Mutter zu Annerose und Schnüpperle. »Gestern abend hat das Christkind schon angeklopft und gefragt, ob sie fertig sind.«

»Es war schon da?« ruft Schnüpperle. »Wirklich? Bestimmt?«

Mutter nickt.

»Ich hab's aber gar nicht klopfen hören«, sagt Schnüpperle.

»Denkst du, es poltert so rum wie du?« fragt Annerose.

»Das Christkind kommt immer erst, wenn ihr schlaft«, antwortet Mutter.

»Kommt's noch mal wieder?« fragt Annerose.

»Ja«, sagt Mutter, »vielleicht heute schon.«

»Oh, da müssen wir uns aber beeilen. Dreimal kommt's bestimmt nicht«, sagt Annerose. »Gibst du mir einen Bogen von deinem guten Briefpapier, Mutter?«

»Mir auch?« bettelt Schnüpperle.

»Du kannst ja noch gar nicht schreiben!« sagt Annerose.

»Doch!« sagt Schnüpperle. »Bloß noch nicht richtig. Aber wenn du den Stift mit anfaßt, kann man's auch schon lesen.«

»Den Wunschzettel muß jeder ganz allein schreiben«, sagt Annerose.

»Die noch nicht schreiben können nicht, bestimmt nicht!«

»Doch!«

»Das Christkind braucht es ja nicht zu wissen. Wir ziehen eben die Vorhänge zu. Mutter wird schon nichts verraten.«

»Willst du schummeln? Beim Christkind? Zu Weihnachten?«

»Will ich nicht.« Aber Schnüpperle ist doch verlegen.

»Du sollst bei mir bloß die Überschrift schreiben und unten Schnüpperle, damit mein Wunschzettel auch nicht verwechselt wird.«

»Wenn du Schnüpperle hilfst«, sagt Mutter zu Annerose, »wird sich das Christkind besonders freuen.«

»Siehste!«

»Aber Schnüpperle kann ebensogut alles, was er sich wünscht, aufmalen, und ich schreib' seinen Namen selber drauf«, sagt Mutter und gibt jedem einen Bogen Briefpapier.

Nun ist Annerose verlegen. Sie möchte es aber gleich wieder gutmachen.

»Komm«, sagt sie zu Schnüpperle, »ich schreib' für dich zuerst. Was soll denn drüber?«

»Was schreibst du denn bei dir?«

Annerose überlegt. »Ich schreibe: ›Liebes Christkind!‹ Oder warte mal. Ist ›An das liebe Christkind‹ besser?«

Schnüpperle stützt den Kopf in die Hand. »Das mit ›an‹, das find' ich sehr schön.«

»An das ›liebe‹ Christkind oder an das ›gute‹ Christkind?« fragt Annerose.

»An das ›liebe‹, Annerose. Ich bin für ›an das liebe‹. Das paßt besser zu Christkind und hört sich auch schon ein bißchen nach Himmel an.«

»Also«, sagt Annerose und schreibt: *An das liebe Christkind!*

»So, jetzt kannst du malen.«

»Schreibst du bei dir dasselbe drüber?«

»Ja.«

An das liebe Christkind!

Ich wünsche mir für meine große Puppe Tina ein Himmelbett. Der Stoff dran, wenn es geht, rosa oder grün. Blau bitte nicht, wenn es geht, weil Tina ein Mädchen ist.

Das ist Anneroses größter Wunsch. Sie verschnauft.

»Was malst du denn da für Ostereier, und so viele?«

»Sind doch alles Lutscher«, sagt Schnüpperle, »bloß die Stengel fehlen noch. Ich wünsche mir ganz viele Lutscher. Ich habe sie zuerst genommen, weil es nicht gleich so unverschämt aussieht, und einmalen muß ich mich auch erst.«

Für Tina, schreibt Annerose weiter, *wünsche ich mir noch ein Taufkleid in Rosa oder Grün, wenn es geht, und aus Seide, und für mich einen Schirm und eine Handtasche, passend zusammen. Und drei Bücher, Mutter weiß, wie sie heißen. Und wenn es nicht zuviel ist, wünsche ich mir noch ein Paar neue Schlittschuhe, weil meine alten schon zu klein geworden sind.*

»Was soll denn das sein?« Annerose sieht auf Schnüpperles Bogen. »Ein Pferd? Wünschst du dir ein Pferd?«

»Nein, das ist ein Hund.«

»Aus Stoff?«

»Nein, ein richtiger.«

»Du wünschst dir einen richtigen Hund?«

Schnüpperle nickt und wird rot. »Schon ganz lange«, sagt er leise. »Bloß Vater hat immer gesagt, ein Hund wäre zu teuer, und jetzt wünsche ich ihn mir eben vom Christkind, da kostet er ja nichts.«

»Ob das Christkind denn Hunde hat?« fragt Annerose.

»Na klar! Susanne hat Knirpsi auch vom Christkind bekommen.«

»Und wenn er dir auch den Schneemann frißt?«

»Meiner nicht. Auf den pass' ich auf!«

»Ich weiß nicht«, sagt Annerose, »ein Ersatzgeschenk würde ich doch aufmalen.«

»Aber ich will kein Ersatzgeschenk«, sagt Schnüpperle, »bloß'n Hund und viele Lutscher. Und jetzt schreib darunter: *Es grüßt Dich Dein Schnüpperle.*«

MIRA LOBE

Die Geschichte vom Schneemann, der keiner mehr war

Im Garten vor dem Haus stand ein Schneemann. Er hatte einen alten Hut auf dem Kopf, und seine Karottennase war lang und spitz. Ein ganz gewöhnlicher Schneemann – es war wirklich nichts Besonderes an ihm. Der ganz gewöhnliche Schneemann stand also im Garten.

Draußen war es kalt. Drinnen im Haus war es warm. Die Familie saß im Zimmer und trank Tee und aß die letzen Reste vom Weihnachtsgebäck. Die kleine Lisa ging zum Fenster und hauchte ein Guckloch in die gefrorene Scheibe.

Armer Schneemann! dachte die kleine Lisa. Der friert bestimmt. Ich will ihm einen Schluck heißen Tee bringen, damit ihm warm wird.

Die kleine Lisa lief mit dem Teeglas in den Garten, ließ den Schneemann trinken und lief ins Haus zurück.

Von diesem Augenblick an war der gewöhnliche Schneemann kein gewöhnlicher Schneemann mehr.

Es regte sich in seinem Bauch: ein kribbeliges, krabbeliges Gefühl.

Es regte sich in seinem Kopf: ein kribbeliger, krabbeliger Gedanke.

Bei gewöhnlichen Schneemännern regt sich nichts, kein Gefühl und kein Gedanke. Die stehen nur so stumm und dumm herum. Es kribbelt und krabbelt, dachte der Schneemann. Mir scheint, ich bin kein Schneemann, sondern ein Teemann. Ich möchte mich verändern. Ein Schneemann ist ein Stehmann, aber ein Teemann ist ein Gehmann.

Und der Schneemann, der keiner mehr war, hob seine Schneefüße und stapfte zum Gartentor. Dort drehte er sich noch einmal um – der Drehmann! – und winkte zum Fenster hinauf. Aber das Guckloch war schon wieder zugefroren.

Er stapfte durch das Gartentor auf die Straße und wanderte in die Stadt. Die Leute wunderten sich. Es passiert nicht alle Tage, daß man einem wandernden Schneemann-Teemann begegnet. Außerdem war er ziemlich ungeschickt und stieß dauernd an die Schaufenster und Laternenpfähle.

»Oje!« sagte der Schneemann-Teemann.

Als er die Straße überquerte, hätte ihn beinahe ein Auto überfahren. Sein Hut fiel vom Kopf und rollte davon.

»O weh!« sagte der Schneemann-Teemann.

Ein Junge brachte ihm den Hut zurück.

»Danke!« sagte der Schneemann-Teemann. »Mir scheint, die Stadt ist nichts für mich. Ich möchte kein Oje-Mann und O-weh-Mann sein! Ich möchte in eine Gegend, wo es keine Autos gibt und keine Schaufenster und keine Laternenpfähle.«

»Da mußt du aufs Land hinausgehen«, sagte der Junge und zeigte ihm den Weg.

Der Schneemann-Teemann hob seine Schneefüße und wanderte aus der Stadt ins Freie hinaus. Draußen war alles weiß; Felder und Wiesen waren dick zugeschneit.

»Hübsch!« sagte der Schneemann-Teemann und sah sich um.

Eine Krähe kam und setzte sich auf seinen Hut.

»Was machst du hier auf meinem Kleefeld?« fragte die Krähe.

»Was denn für ein Kleefeld?« fragte der Schneemann-Teemann.

»Im Sommer«, sagte die Krähe, »ist hier alles grün, und der Klee blüht rot.«

»Hübsch!« sagte der Schneemann-Teemann. »Da könnte ich ein Klee-mann werden.«

»Das glaube ich kaum«, sagte die Krähe. »Im Sommer ist es heiß. Da schmelzen alle Schneemänner und werden zu Wasser; das Wasser sickert in die Erde; und aus der Erde wächst dann der Klee.«

»O je und o weh! Ich möchte nicht sickern. Mir scheint, ein Kleefeld ist nichts für mich. Ich möchte in eine Gegend, wo der Sommer nicht hinkommt.«

»Da mußt du nach Norden gehen«, sagte die Krähe. »Immer geradeaus, bis du ans Meer kommst. Und dann wieder geradeaus übers Meer, bis du den ersten Eisbären triffst. Dort ist ein Land, wo es immer weiß ist und niemals heiß ist; wo immer Schnee ist und niemals Klee ist.«

»Hübsch!« sagte der Schneemann-Teemann. »Ist es weit bis dorthin?«

»Sehr weit. Am besten, du fährst auf einer Eisscholle. Die treiben jetzt im Winter auf dem Fluß, und der Fluß fließt ins Meer.«

Die Krähe flog voraus. Der Schneemann-Teemann stapfte hinterdrein. Als sie zum Fluß kamen, suchte er sich eine nette Eisscholle aus, nicht zu groß und nicht zu klein.

»Die nehme ich!« rief er, hob seine Schneefüße und sprang hinüber.

»Gute Fahrt!« rief die Krähe. »Leb wohl, Schneemann-Teemann. Jetzt wirst du ein Seemann!«

Der Schneemann-Teemann-Seemann reiste auf seiner Eisscholle den Fluß hinunter bis ans Meer und übers Meer und immer weiter.

Wollt ihr wissen, ob er bei den Eisbären angekommen ist?

Ja, er ist angekommen.

Wollt ihr wissen, ob es ihm gutgeht?

Ja, es geht ihm gut. Es geht ihm ausgezeichnet.

Und wenn ihr wissen wollt, woher ich das weiß . . .

Ich weiß es von einer Möwe. Die hat ihn dort gesehen und es der Krähe erzählt.

Die Krähe hat es dem Jungen erzählt, der den Hut aufgehoben hat.

Der Junge hat es der kleinen Lisa erzählt.

Und die kleine Lisa hat es mir erzählt.

2. Kapitel

Von Weihnachtsmännern und Tannenbäumen

INGEBORG AMBS

Bald ist's soweit

Verschlossen bleibt das ganze Jahr
das große Himmelstor.
Sankt Petrus schloß es selber zu
und schob den Riegel vor.

Erst in der freudenreichen Zeit,
die jedes Kind wohl kennt,
da öffnet er die Türe weit
und ruft: »Es ist Advent!«

Dann fliegt herbei die Engelsschar
und jubelt, daß es schallt:
»Ihr lieben Kinder, hört ihr uns?
Das Christkindlein kommt bald!«

Zuvor jedoch, das ist doch klar,
kommt der Sankt Nikolaus.
So, wie's seit vielen Jahren war,
geht er in jedes Haus.

Bald ist's soweit. Sei brav, mein Kind.
Die erste Kerze brennt.
Ich wünsch' dir eine schöne Zeit
im seligen Advent.

MASAHIRO KASUYA

Der allerkleinste Tannenbaum

Es war kurz vor Weihnachten. Ein kleiner bunter Vogel flog zum Fest in die Stadt. Da sah er auf einem Hügel einen kleinen Tannenbaum.

»Gehst du nicht in die Stadt?« fragte ihn der Vogel.

»Nein«, sagte der Tannenbaum. »Ich bin zu klein für Weihnachten.« Und er brach in Tränen aus.

Der kleine Tannenbaum erinnerte sich, daß seine großen Brüder immer zu ihm sagten:

»Wenn du nicht schneller wächst, wirst du nie ein rechter Weihnachtsbaum.«

Eines Tages wurden sie alle zum Weihnachtsfest in die Stadt abgeholt. Da freuten sie sich sehr und hoben stolz ihre schönen Äste. Nur der kleine Tannenbaum wurde stehengelassen. Er fühlte sich jetzt sehr einsam und schluchzte:

»Ach, wenn ich doch größer wäre und bei meinen Brüdern in der Stadt sein dürfte!«

»Weißt du was?« sagte der Vogel zum Tannenbaum. »Ich werde dir helfen. Ich fliege zu meinem Freund, dem Esel.«

Bald darauf kam ein Fuchs vorbei. Auch er lief zum Weihnachtsfest in die Stadt.

»Gehst du nicht in die Stadt?« fragte der Fuchs den Tannenbaum.

»Nein, ich bin zu klein«, antwortete der Tannenbaum und mußte wieder weinen. Der Fuchs hatte noch nie einen so kleinen Baum gesehen. Aber weil er nicht wußte, wie er ihm helfen sollte, lief er weiter.

Inzwischen kam der Vogel mit seinem Freund, dem Esel, zurück.

»Du hast mir nicht gesagt, daß der Weg so weit ist«, brummte der Esel.
Er ärgerte sich, daß er so kurz vor Weihnachten nicht in der Stadt sein
konnte. Er wollte doch nichts von dem schönen Fest versäumen.
»Siehst du, jetzt sind wir da«, sagte der Vogel und zeigte mit dem Flügel
auf den kleinen Tannenbaum. Der Esel mußte sich bücken, um
den winzigen Baum überhaupt zu sehen. Seine Augen waren vor
Überraschung weit geöffnet. Es war der kleinste Tannenbaum,
den er jemals gesehen hatte.
»Wie geht es dir?« fragte der Esel höflich.
»Ach, wenn ich doch größer wäre«, schluchzte der kleine
Tannenbaum. »Dann wäre ich jetzt bei meinen Brüdern in der
Stadt. Ich glaube, ich werde das Weihnachtsfest nie erleben!«
»Weine nicht!« tröstete ihn der Esel. »Schau da drunten die
Lichter in der Stadt! Dort stehen sie alle, die vielen Weih-
nachtsbäume, und werden schon mit Kerzen geschmückt.
Deine Brüder sind auch dabei. In jeder Stube steht ein
prächtiger Tannenbaum, und darunter werden morgen
die Kinder ihre Geschenke auspacken. Dann werden sie
alle die schönen Weihnachtslieder singen. Hör auf zu
weinen, kleiner Tannenbaum! Vielleicht bist du
nächstes Jahr dabei!«
Der Tannenbaum aber weinte schon nicht mehr.
Die freundlichen Worte des Esels hatten
ihn beruhigt.

»Ja, vielleicht nächstes Jahr . . .« murmelte er und schlief ein.

Der Vogel und der Esel seufzten erleichtert, und auch sie schliefen ein. Sie hatten einen langen Tag hinter sich und waren sehr müde. Und während sie schliefen, begann es leise zu schneien.

Es kam der Morgen vor dem Heiligen Abend. Der Esel und der Vogel wischten sich die Schneeflocken aus den Augen. Überall um sie herum glänzte der Schnee in der Sonne, und auch der kleine Tannenbaum war ganz mit Schnee bedeckt. Er war jetzt der schönste Tannenbaum, den man sich denken konnte. Da begannen der Vogel und der Esel ihr liebstes Weihnachtslied zu singen.

Als die anderen Tiere den Gesang hörten, verließen sie ihre Verstecke im Wald und in den Wiesen und machten sich alle auf den Weg. Auch sie wollten dort sein, wo so schön gesungen wurde. Sie versammelten sich alle um den kleinen Tannenbaum auf dem Hügel und sangen mit dem Vogel und dem Esel.

Inzwischen war es dunkel geworden. Die Sterne leuchteten vom Himmel herab auf den Schnee und den kleinen Tannenbaum. Er war jetzt der schönste Weihnachtsbaum auf der ganzen Welt.

Jetzt war der Heilige Abend da. Das Jesuskind lag in der Krippe. Maria und Josef wachten neben ihm. Und auch die Tiere waren gekommen und fingen gleich zu singen an.

Draußen auf dem Felde aber hörte der kleine Tannenbaum eine Stimme neben sich flüstern:

»Du bist gar nicht zu klein für Weihnachten, lieber Tannenbaum, denn ich bin ebenso klein wie du.« Es war das Jesuskind selber, das so zu ihm sprach. Da war der kleine Tannenbaum glücklich.

Als Weihnachten vorüber war, verabschiedete sich der Esel und lief heim in die Stadt. Er versprach dem Tannenbaum, zum nächsten Weihnachtsfest wiederzukommen. Der Vogel aber wollte bis zum Frühling bei dem kleinen Tannenbaum bleiben. Und der Tannenbaum beklagte sich nie mehr darüber, daß er so klein war.

Deutscher Text von Peter Bloch

Torsten und der Weihnachtsmann

Alle haben den Weihnachtsmann schon einmal gesehen. Oma und Opa, Tante Trude und Onkel Rainer. Und Mama und Papa natürlich auch.

Nur Torsten nicht.

»Wo wohnt der Weihnachtsmann?« fragt Torsten die Oma.

»Im Weihnachtswald!« sagt die Oma.

Und wie soll Torsten zum Weihnachtswald kommen?

»Er wohnt in Rußland!« sagt der Opa. »Aber das ist so weit, daß er nur einmal im Jahr zu uns kommen kann!«

»Und er hat so viel zu tun, daß du ihn leider nicht sehen kannst«, meint Tante Trude.

»Er hat bestimmt Zeit für mich!« sagt Torsten tapfer. »Ich muß ihn nur finden!« Beim Abendessen erzählen Mama und Papa von den Leuten, die in das Haus am Ende der Straße gezogen sind. Aussiedler aus Rußland, die jetzt für immer hier wohnen werden.

Die Eltern erzählen sich oft viel, von dem Torsten nichts versteht. Und meistens hört er auch gar nicht zu. Als aber von Rußland die Rede ist, spitzt er doch die Ohren.

»Aus Rußland?« fragt er.

Papa nickt.

»Ist der Weihnachtsmann auch dabei?« fragt Torsten.

Da lachen Mama und Papa, und Mama schüttelt den Kopf. »Ganz bestimmt nicht, Torsten!« sagt sie.

Vielleicht wissen es Mama und Papa nur nicht, denkt Torsten und nimmt sich vor, doch lieber einmal genauer aufzupassen, wer alles in dem Haus wohnt. Torsten darf morgens schon ganz allein zu dem Bäckerladen an der Ecke gehen. Er braucht nicht über die Straße und kann immer auf dem Bürgersteig bleiben. Manchmal holt Torsten Brötchen oder Stückchen. Manchmal auch Milch oder Käse. In dem Bäckerladen gibt es alles, was Mutti ihm auf den Zettel schreibt. Torsten ist stolz darauf, daß er bereits so groß ist und allein einkaufen kann. Und Mutti ist stolz auf Torsten.

Als Torsten am nächsten Morgen zum Einkaufen geht, läuft er am Bäckerladen vorbei bis zu dem Haus am Ende der Straße. Aber er sieht keinen, der dort wohnt. Auch am nächsten Morgen trifft er nur Frau Schnell und die alte Oma Bröckelmann, die jeden Morgen zwei Stück Kuchen kauft.

Aber als er am dritten Morgen gerade aus dem Bäckerladen kommt, da sieht er den Weihnachtsmann ein paar Häuser weiter. Er geht langsam und gebückt und hat einen dicken Mantel an und eine altmodische Mütze auf dem Kopf. Ja, das muß der Weihnachtsmann sein! denkt Torsten, wenn er sich auch ein bißchen über die Plastiktüte wundert, mit der sich der Weihnachtsmann abschleppt. Auf den Bildern in seinem Bilderbuch hat der Weihnachtsmann immer einen Sack.

Mit den Brötchen, der Butter und der Teewurst in seinem kleinen Einkaufskorb rennt Torsten sogleich hinter dem Weihnachtsmann her. Und es stört ihn gar nicht, daß das Wechselgeld in seinem Korb dabei leise klingelt, wenn es hin und her geschleudert wird.

»Hallo, Weihnachtsmann!« ruft Torsten und versucht, den alten Mann einzuholen. Als er ganz nahe ist, hält er ihn hinten am Mantel fest.

»Hallo, Weihnachtsmann!« sagt er noch einmal, als der Mann stehenbleibt und sich nach ihm umdreht.

»Hm?« fragt der Mann und spricht etwas in einer Sprache, die Torsten nicht versteht. Und besonders freundlich sieht er auch nicht aus.

»Kommst du aus Rußland?« fragt Torsten mutig und blickt dem alten Mann ins Gesicht. Eigentlich hat er sich den Bart des Weihnachtsmannes ganz anders vorgestellt. Nicht so schwarz und zottelig, sondern lang und weiß mit vielen zarten Locken.

»Rrrrrußland!« sagt der Mann und rollt das Wort richtig aus, so wie es Torsten noch nie im Leben gehört hat. Das kann nur der Weihnachtsmann sein!

Aber was kann man dem Weihnachtsmann jetzt noch sagen? Torsten überlegt krampfhaft und ist richtig froh, daß ihm plötzlich das Lied wieder einfällt, was er erst kürzlich dem Nikolaus vorgesungen hat.

Dem Nikolaus hat es gefallen. Und vielleicht gefällt es auch dem Weihnachtsmann.

So stellt Torsten seinen Korb an den Gartenzaun, greift mit beiden Händen nach den Händen des Weihnachtsmannes und beginnt mit zittriger Stimme zu singen:

»Laßt uns froh und munter sein und uns recht von Herzen freun!«

Zuerst blickt ihn der alte Mann verwundert an. Dann huscht ein Lächeln über sein Gesicht. Und dann nickt er dem kleinen Jungen freundlich zu und stampft mit seinen Füßen den Takt zu dem Lied.

Torsten kann nur eine Strophe des schönen Liedes. Aber er singt sie gleich zweimal, weil er so glücklich ist, daß er endlich den Weihnachtsmann gefunden hat.

Als er fertig ist, streicht ihm der alte Mann über das Haar. Und da sieht Torsten, daß er Tränen in den Augen hat. Tränen wie Oma sie in den Augen hatte, als Torsten ihr letzten Monat das Geburtstagslied zum Geburtstag vorgesungen hat.

Er hatte es mit Mutti extra für Omas Geburtstag gelernt.

»Gutt! Gutt!« sagt der Weihnachtsmann schließlich und greift mit seiner Hand in die Plastiktasche. Er holt einen dicken Apfel heraus und schenkt ihn Torsten.

»Danke, Weihnachtsmann!« sagt Torsten und strahlt. So steht er lange da, mit dem Apfel in der Hand, und blickt dem alten Mann nach, der jetzt mit langsamen Schritten und der Plastiktüte in der Hand auf das letzte Haus in der Straße zugeht.

Dann nimmt Torsten seinen Korb und rennt so schnell er kann nach Hause. »Ich habe den Weihnachtsmann getroffen!« ruft er glücklich.

Und als Mama ihn ganz komisch anblickt und anscheinend nichts, aber auch gar nichts versteht, greift er in seinen Korb und hält ihr den Apfel hin.

»Den hat er mir geschenkt, Mama!« schreit er. »Der Weihnachtsmann!«

MARGRET RETTICH

Nannis Baum

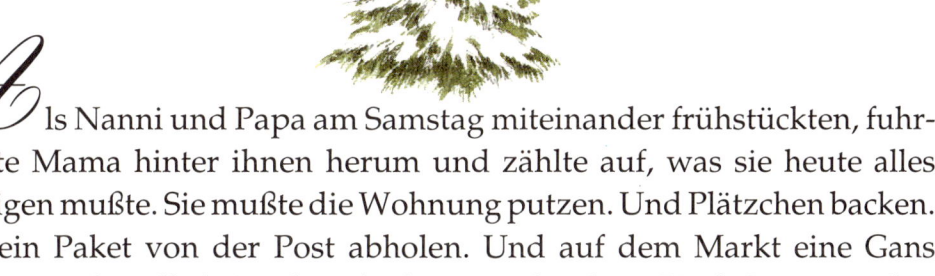

Als Nanni und Papa am Samstag miteinander frühstückten, fuhrwerkte Mama hinter ihnen herum und zählte auf, was sie heute alles erledigen mußte. Sie mußte die Wohnung putzen. Und Plätzchen backen. Und ein Paket von der Post abholen. Und auf dem Markt eine Gans kaufen. Und endlich Weihnachtskarten schreiben. Und Oma anrufen. Und den Christbaumständer reparieren.

»Und zu alledem«, rief sie, »haben wir immer noch keinen Baum. Auch darum muß ich mich kümmern.«

»Mußt du nicht, darum kümmern sich Nanni und ich«, sagte Papa, der gerade in der Zeitung ein Inserat entdeckt hatte. Er las vor:

Frisch zum Fest:
der Weihnachtsbaum direkt aus dem Wald.
Selber aussuchen, selber absägen, selber transportieren,
heute, am Samstag, zwischen zehn und sechzehn Uhr.

Mama sagte: »Ihr bringt bestimmt einen Baum, der schief und krumm ist. Ich komme lieber mit!«

Es war ziemlich weit.

Nachdem sie ein ganzes Ende gefahren waren, bogen sie von der Straße ab. Über einen rumpligen Waldweg kamen sie auf eine Lichtung, wo schon viele andere Autos waren. Papa fand erst einen Parkplatz, als vor ihnen ein Transporter wegfuhr, der auf seinem Dach einen Berg von verschnürten Christbäumen hatte.

Überall streiften Leute mit Kindern und Hunden durch den Wald. Die meisten hatten Sägen und Äxte bei sich. Manche zerrten einen Baum hinter sich her zum Auto. Sie mußten bei einem Bauern vorbei, der vor seinem Traktor auf dem Waldweg stand. Er hielt eine Meßlatte an jeden Baum und kassierte. In einer Holzbude nebenan verkaufte die Bäuerin Schmalzbrote und heißen Tee.

Mama wartete nicht, bis Papa aus dem Kofferraum die Säge geholt hatte. Sie stürzte gleich in den Wald hinein. Wahrscheinlich hatte sie Angst, daß ihr jemand den schönsten Baum vor der Nase wegschnappte.

Papa und Nanni stapften hinterher. Nanni konnte nicht so schnell, denn das welke, abgestorbene Gras war sehr hoch und dicht. Mama war ihnen schon weit voraus und begutachtete jeden Baum. Einer war ihr zu hoch, einer zu niedrig, einer zu struppig, einer hatte stachlige Nadeln, einer war unten zu kahl, keiner war ihr recht.

Endlich drehte sich Mama um. Sie zeigte auf einen Baum und rief: »Den hier nehmen wir!«

Gerade, als sie das rief, schoß vor ihrer Nase ein schöner bunter Vogel aus den Zweigen und flog laut rufend davon.

»Das war ein Eichelhäher«, sagte Papa und legte die Säge unten an den Stamm.

»Laß sofort den Baum stehen!« rief Nanni. »Da drin wohnt doch der Vogel!«

»Laß ihn meinetwegen stehen«, sagte Mama, die um den Baum herumgestiefelt war. Sie hatte festgestellt, daß er hinten ganz flach war. Nun sah sie sich um und rief: »Nanni, lauf nicht weg!«

Nannis roter Anorak leuchtete durch die Bäume. Atemlos kam sie angerannt und schrie: »Ein Reh! Ich habe ein richtiges Reh gesehen!« Schon rannte sie wieder fort.

Papa und Mama rannten hinterher.

Am Waldrand hockte Nanni unter einem Baum und sagte: »Es ist hier hineingekrochen.«

»Jetzt rennt es da hinten«, sagte Papa und zeigte hinaus auf das Feld. Das Reh war kaum noch zu erkennen.

Mama hatte sich inzwischen den Baum angeguckt und meinte: »Wir nehmen diesen hier.«

Papa wollte die Säge anlegen, da fuhr Nanni dazwischen. Empört rief sie: »Laß den Baum stehen! Darin wohnt doch das Reh!«

»Hör mal, Nanni«, sagte Mama. »Wie sollen wir zu einem Baum kommen, wenn immer jemand drinnen wohnt?«

Das wußte Nanni nicht.

Mama suchte weiter und fand auch einige Bäume, die ihr zusagten.

Aber im ersten Baum wohnte eine Maus, die genau vor Nannis Augen weghuschte. Im nächsten Baum war ein leeres Nest, in dem bestimmt im Sommer jemand wohnte. Und unter dem dritten Baum war ein Loch. Dort wohnte entweder ein Dachs oder sogar ein Fuchs.

Immer, wenn Papa mit der Säge kam, rief Nanni: »Laß den Baum stehen!«

Mama jammerte: »Warum bin ich mitgekommen, wo ich daheim soviel zu tun habe.«

Und als sie wieder auf der Lichtung beim Auto standen, fragte Papa: »Was nun?«

»Nun lassen wir alle Bäume im Wald stehen«, beschloß Nanni.

»Dann müssen wir ja Weihnachten ohne Baum feiern«, sagten Mama und Papa und bestellten an der Holzbude heißen Tee.

»Ohne Weihnachtsbaum, das ist aber traurig«, sagte die Bäuerin, die zugehört hatte.

»Nanni hat es beschlossen«, sagte Papa, und Nanni nickte.

Die Bäuerin sah Nanni an und überlegte. Dann fragte sie: »Wenn nun der Baum zurück in den Wald darf, würdest du ihn dann mitnehmen?«

»Das geht doch nicht«, sagte Nanni.

»Das geht, komm mal mit«, sagte die Bäuerin. Sie holte einen Spaten vom Traktor, und Nanni lief hinter ihr her. Gleich neben der Lichtung war eine Schonung.

Dort standen viele kleine Bäume in langen Reihen.

»Such dir einen aus«, sagte die Bäuerin. Nanni zeigte auf einen Baum mit dichten blaugrünen Nadeln. Die Bäuerin stach den Spaten in den Boden und kippte ihn. Dann hob sie Nannis Baum mit allen Wurzeln aus der Erde. Sie band ihn unten in einen Sack ein.

»Halt ihn gut feucht«, sagte sie. »Und nach dem Fest bringst du ihn gleich wieder hierher. Du triffst uns bestimmt. Wir arbeiten im Winter hier im Wald.«

Der kleine Baum sah wunderhübsch aus, als Mama und Nanni ihn geputzt hatten. Er stand in einem Eimer mitten auf der Kommode, und Nanni gab ihm jeden Tag ein bißchen frisches Wasser.

Gleich nach dem Fest mußte Papa mit ihr in den Wald fahren. Nanni saß hinten im Auto und hielt den kleinen Baum auf dem Schoß. Neben ihr lagen eine Tüte voll Plätzchen und eine Flasche Wein. Das hatte ihnen Mama für die nette Bäuerin mitgegeben.

Nanni merkte sich genau die Stelle, wo ihr Baum wieder eingepflanzt wurde. Aber sie hätte ihn auch so erkannt, als sie im Sommer mit Papa und Mama dort spazierenging. Zwischen seinen Zweigen wehten nämlich noch ein paar Fäden Lametta.

Doch er war kerngesund und hatte von oben bis unten frische grüne Spitzen.

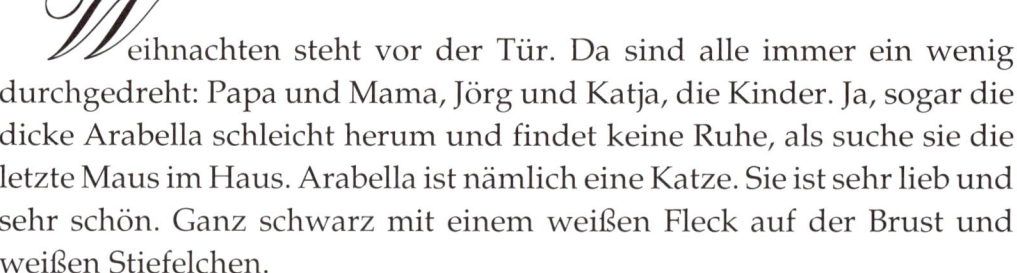

DORIS JANNAUSCH

Die Geschichte mit dem Bart

Weihnachten steht vor der Tür. Da sind alle immer ein wenig durchgedreht: Papa und Mama, Jörg und Katja, die Kinder. Ja, sogar die dicke Arabella schleicht herum und findet keine Ruhe, als suche sie die letzte Maus im Haus. Arabella ist nämlich eine Katze. Sie ist sehr lieb und sehr schön. Ganz schwarz mit einem weißen Fleck auf der Brust und weißen Stiefelchen.

In diesem Jahr treibt es Arabella besonders arg. Sie frißt und frißt, sie sucht und sucht, sie schreit »Miau!«, und die Kinder sollen sie unentwegt am Kopf kraulen.

»Vor Weihnachten ist sie immer ziemlich aufgeregt«, stellt die Mutter fest. Sie muß es wissen. Arabella ist bereits sieben Jahre bei ihnen. Sie haben sie bekommen, als Katja und Jörg noch sehr klein waren. »Arabella merkt, daß etwas bevorsteht.«

»Ja«, stimmt Katja zu. »Sogar in der Nacht läuft sie herum und seufzt.«

»Sie seufzt?« Jörg grinst. »Arabella, die Katze, seufzt?«

Katja nickt. »Sie macht immer so«, antwortet sie und stößt einen langgezogenen Laut aus, der wie »ach ja!« klingt.

»Sie fürchtet sich vor dem Weihnachtsmann«, sagt der Vater und schmunzelt.

Die Kinder drehen sich schnell um und verbergen ihr Lachen. Jedes Jahr zu Weihnachten kommt der Weihnachtsmann zu ihnen. Er stapft in die Stube, mit roter Mütze, rotem Mantel und einem langen, weißen Bart.

»Von drauß' vom Walde komm' ich her, ich muß euch sagen, es weih-
nachtet sehr . . .« sagt er dann, als ob die Kinder das nicht längst wüßten.
Jedes Jahr sagt der Weihnachtsmann die gleichen Verse auf. Die Kinder
müssen still sein und zuhören. Endlich greift der Weihnachtsmann in den
Sack und holt die Geschenke heraus. Das ist sehr aufregend. Dann muß
Katja, weil sie die ältere ist, ein Gedicht aufsagen, und auch Jörg kommt
an die Reihe. Steckenbleiben dürfen sie nicht, sonst gibt es am Ende keine
Süßigkeiten.

Ehrlich gesagt, die Sache macht den Kindern keinen großen Spaß mehr.
Am Anfang ja, da war es spannend. Sie fürchteten sich ein wenig vor dem
Weihnachtsmann, doch sie hatten ihn auch lieb. Bis die Sache mit dem
Bart geschah. Das war vor zwei Jahren.

Jörg gab dem Weihnachtsmann ein Dankeschön-Küßchen, wurde von
ihm liebevoll auf den Arm genommen und durfte ihn sogar am Bart
zupfen. Aber – Hilfe! – was war das? Der Bart ging ein Stückchen ab. Und
was kam zum Vorschein? Ein winziges, braunes Muttermal neben dem
rechten Mundwinkel.

Jörg ist ein lieber Junge, er hat nichts gesagt. Erst später, als er neben Katja
im Bett lag, flüsterte er: »Du, weißt du, wer der Weihnachtsmann ist?«

»Nun – eben der Weihnachtsmann.«

»Nein. Es ist der Vater.«

»Was?«

Vater hat neben dem rechten Mundwinkel ein winziges Muttermal.

Von da an wissen die Kinder, daß sich der Vater jedes Jahr als Weihnachtsmann verkleidet. Aber sie wollen ihm den Spaß nicht verderben,
und darum tun sie, als wüßten sie es nicht.

Auch in diesem Jahr legt sich der Vater die Weihnachtsmannsachen
zurecht, und zwar im Schlafzimmer, wohin die Kinder nicht dürfen,
jedenfalls nicht zur Weihnachtszeit. Im Schrank liegen die Geschenke
versteckt und viele andere Überraschungen.

Endlich ist Weihnachtsabend. Der Vater, wie jedes Jahr um diese Zeit,
verschwindet. Die Kinder wissen: Aha, jetzt verkleidet er sich als Weih-

nachtsmann und geht heimlich hinaus, um draußen an der Tür zu klopfen. Sie tun, als merkten sie nichts. Doch dann kommt es anders.

Der Vater ruft nach der Mutter. Im Schlafzimmer gibt es aufgeregtes Getuschel. Ab und zu werden die Stimmen lauter, und die Kinder können verstehen, was die Eltern sagen: »Ich schwöre, der Bart war dabei. Wo sollte er denn sonst sein?«

»Also hier ist er jedenfalls nicht.«

Die Eltern zanken ein wenig.

»Ob die Kinder vielleicht . . .«

»Die Kinder dürfen hier nicht herein. Wer weiß, wo du . . .«

Dann kommen die Eltern aus dem Schlafzimmer. Sie sind verlegen.

»In diesem Jahr besucht er euch nicht, der Weihnachtsmann«, verkündet der Vater. »Mutter und ich haben beschlossen, die Geschenke unter den Christbaum zu legen. Seid ihr einverstanden?«

Natürlich sind die Kinder einverstanden. Nur – was ist das für ein merkwürdiges Piepsen und Miauen? Es kommt aus dem Bad.

»Es klingt wie Arabella«, meint Katja. »Aber mehrstimmig.«

»Das bildet ihr euch nur ein«, sagt die Mutter, die noch immer ein wenig ratlos ist wegen des verschwundenen Bartes.

Plötzlich ruft Katja aus dem Badezimmer: »Kommt her, schnell!«

Sie kommen und sehen es: In einem wunderschönen, weißen, weichen Nest liegt Arabella. Aber nicht allein. Vier klitzekleine Kätzchen liegen bei ihr. Sie sind nicht größer als ein Tennisball und noch ganz blind.

»Arabella hat Junge gekriegt«, staunt Jörg. »Darum war sie so unruhig und so dick.«

»Merkwürdig«, wundert sich Katja, »warum geht sie nicht in ihren Korb? Dort hätte sie doch viel mehr Platz für ihre Jungen.«

»Aber im Bad ist es wärmer«, meint die Mutter, denn die Heizung verläuft genau da durch die Wand, wo Arabella mit ihren Kindern liegt.

Der Vater sieht einmal hin, dann noch einmal und runzelt die Stirn. »Ich werd' verrückt«, murmelt er.

Auch die Kinder haben es bemerkt.

»Sie hat dem Weihnachtsmann den Bart geklaut«, stellt Katja fest. »Wie hat sie das nur gemacht?«

Das allerdings bleibt Arabellas Geheimnis.

Die Mutter tut noch ein bißchen so, als seien die Kinder klein. Sie sagt: »So eine Katze scheint Freunde im Himmel zu haben – wenn der Weihnachtsmann ihr sogar seinen Bart leiht?«

Die Kinder stoßen sich heimlich an und machen harmlose Gesichter, damit die Mutter nichts merkt. Als sie schlafen gehen, geben sie den Eltern einen Gutenachtkuß.

»Mach dir nichts draus«, tröstet Jörg den Vater. »Zur Not hättest du auch ohne Bart kommen können, lieber Weihnachtsmann.«

Dem Vater verschlägt es die Sprache. »Wie meinst du das?«

Jörg ahmt den Gang des Weihnachtsmannes nach und sagt im Ton des Vaters: »Von drauß' vom Walde komm' ich her, ich muß euch sagen, es weihnachtet sehr . . .«

Die Eltern wechseln einen Blick.

»Sagt bloß, ihr habt es gewußt«, ruft die Mutter.

»Aber ja«, antwortet Katja, »schon seit zwei Jahren.«

»Arabella hat es auch gewußt«, erklärt Jörg. »Sonst hätte sie nicht den Bart stibitzt.«

Aus dem Bad klingt zustimmendes Miauen.

ACHIM BRÖGER

Die Weihnachtskatze

*R*ikki sitzt in ihrem Zimmer am Schreibtisch. Sie wartet und wartet, tagelang schon. Und jetzt sind es immer noch ungefähr vierundzwanzig ellenlange Stunden bis zur Bescherung am Heiligen Abend.

Wieso kommt der Weihnachtsmann eigentlich so spät? überlegt Rikki. Er sollte früher hier sein, am besten gleich. Sie nimmt Papas Fernglas. Ein Nachtglas ist das. Das benutzt sie, wenn es dunkel wird wie eben.

Rikki sieht in die Straße hinunter und über die Dächer. Den Weihnachtsmann sieht sie nirgends. Der läßt sich Zeit und trödelt bestimmt irgendwo herum, denkt sie.

Jetzt sieht Rikki im dritten Stock, genau gegenüber, eine Katze. Die hockt auf dem Fensterbrett. So eine wünscht sich Rikki auch zu Weihnachten. Das steht ganz oben auf ihrem Wunschzettel.

Da hockt die Katze, schwarzweiß und riesengroß im Fernglas. Sie hebt eine Pfote. Das sieht aus, als würde sie mir winken, staunt Rikki.

Wenn sie so groß ist, kann sie mit einem Satz über die Straße springen, direkt zu mir ins Zimmer, denkt Rikki. Dann setze ich mich auf sie. Und wir reiten los. Weit weg, dem Weihnachtsmann entgegen. Kommt der nicht zu mir, gehe ich zu ihm.

Rikki guckt zur Katze. Ganz gespannt. Die Katze guckt zu Rikki. Genauso gespannt. Dann nickt Rikki und winkt. Komm doch! Komm, riesengroße Fernglaskatze! Spring!

Schnell die Fenster auf, und so weit wie es geht. Ein Schatten springt durch die Dunkelheit. Er springt über die Straße hoch über den Autos. Springt von einem Fenster zum anderen. Katzenweich, riesengroß, hell und dunkel auf Rikkis Fernglaslinse zu.

»Grüß dich, Katze«, sagt Rikki und schließt das Fenster.

»Hallo«, sagt die Katze. Sie klingt wirklich unwahrscheinlich verständlich, staunt Rikki.

»Schön, daß ich so groß bin«, freut sich die Katze. »War ich noch nie.«

»Mein Fernglas hat schuld daran«, sagt Rikki. »Normalerweise wird ja alles wieder klein, wenn man nicht mehr mit dem Fernglas draufsieht. Du bist groß geblieben.«

»Wahrscheinlich klappt das nur kurz vor Weihnachten«, vermutet die Katze. »Und was machen wir jetzt?«

»Wir rennen dem Weihnachtsmann entgegen.« Die Katze steht sehr groß im Kinderzimmer und nickt. Rikki streichelt ihr weiches Fell. Dann nimmt sie ihre Jacke vom Haken. Und die beiden schleichen auf Zehenspitzen und Katzenpfoten über den Flur und aus dem Haus. Niemand hat's gesehen.

»Steig auf«, schnurrt die riesengroße Fernglaskatze. Schon sitzt Rikki hoch und weich auf ihrem Rücken. Das weiße Katzenohr links vor sich, das schwarze rechts. »Festhalten!« verlangt die Katze.

Sie springt über eine Mauer. Gärten und Zäune flitzen unter Rikki vorbei. Tief beugt sie sich ins Katzenfell.

»Wo finden wir den Weihnachtsmann?« fragt Rikki, als sie Felder unter sich sieht.

»Er wohnt im verstecktesten Haus weit hinten. Wir müssen durch sieben Wälder«, sagt die Katze.

»Lauf!« ruft Rikki. Und die riesengroße Fernglaskatze läuft durch den ersten, zweiten, dritten, vierten und fünften Wald. Rikki kommt kaum mit dem Wälderzählen nach.

Ein einziger Stern steht am Himmel hell vor ihnen. Sie rennen durch die Dunkelheit auf den Stern zu wie durch einen Tunnel. Schnee wirbelt. Und sie rennen durch den sechsten und siebten Wald. Jetzt springt die Katze über eine Hecke.

Der Stern leuchtet hell und groß vor ihnen.

An einem schmalen Weg steht ein schiefes, kleines Holzhaus versteckt in der Dunkelheit. Es hat zwei helle Fenster und ein Schneedach.

»Hier wohnt er«, flüstert die Katze. Ein Schild hängt an der Tür. »Bin nicht zu Hause. Der Weihnachtsmann.«

»Aber sein Licht brennt«, flüstert Rikki. »Ich klopfe einfach mal.«

»Und ich warte auf dem Dach neben dem Schornstein auf dich. Mach mich bitte klein«, sagt die Katze.

Rikki dreht ihr Fernglas um und sieht hindurch. Winzig ist die Katze nun. Mit einem Satz springt sie auf Rikkis Schulter und mit dem nächsten auf das Dach. Dort legt sie sich neben den warmen Schornstein und hebt die Tatze. »Mach's gut«, heißt das.

Rikkis Herz pocht laut, als sie an die Tür klopft. Eine tiefe Stimme antwortet auf ihr Klopfen: »Bin nicht zu Hause.«

»Aber ich hör' doch, daß du da bist«, sagt Rikki und klopft wieder. Jetzt kommen Schritte näher, und die knarrende Tür wird geöffnet.

Er steht vor ihr, der Weihnachtsmann, mit seiner Pelzkappe auf dem Kopf. Er trägt einen roten Mantel, der mit weißem Pelz besetzt ist. Viel grauen Bart hat er im Gesicht. »Nanu«, sagt er. »Wer bist denn du?«

»Ich bin die Rikki. Und du bist der Weihnachtsmann? Wirklich und ohne zu schummeln?«

»Wirklich und ohne zu schummeln. Kannst an meinem Bart ziehen. Garantiert echt.«

Rikki zupft. Der Bart ist echt, und sie fragt: »Warum bist du nicht unterwegs? Wir warten alle auf dich.«

Der Weihnachtsmann seufzt, und »hatschi!« macht er und sagt: »Hab' Schnupfen. Ach . . . und außerdem paßt mir die Abhetzerei vor Weihnachten nicht. Ich will zu Hause bleiben und meinen Schnupfen gemütlich auskurieren. So . . . und jetzt mach die Tür zu. Es zieht nämlich!«

Rikki schließt die Tür und ist beim Weihnachtsmann im Wohnzimmer. »Setz dich«, sagt er und zeigt auf einen Stuhl am großen Tisch.

Warm ist es hier. Der Weihnachtsmann macht wieder »hatschi!« und fragt: »Wo hab' ich bloß meine Nasentropfen?«

»Hier!« sagt Rikki und schiebt ihm das Medizinfläschchen über den Tisch. Er träufelt sich einige Tropfen in die Nase und setzt sich an den Kamin. »Ne, ne, ich will dieses Jahr noch nicht raus in die Kälte«, sagt er. »Ich verschiebe Weihnachten.«

»Bis wann?« fragt Rikki.

»Ich dachte, so bis Ende Januar«, sagt der Weihnachtsmann.

Oh, denkt Rikki, und ich habe gehofft, daß er vielleicht sogar früher kommt als sonst. Das klappt nun bestimmt nicht.

»Einfach in Ruhe dasitzen und warten, bis der Schnupfen vorbei ist«, sagt der Weihnachtsmann. »Das wird schön. Und wenn ich mich wieder richtig wohl fühle, gehe ich irgendwann zum Eislaufen auf den Waldsee. Ich kann rückwärts laufen.«

Der soll nicht rückwärts laufen. Der soll zu uns kommen und die Geschenke bringen, denkt Rikki.

Der Weihnachtsmann gießt sich eine Tasse Tee ein. Rikki bekommt auch eine. »Ah«, macht er und trinkt einen Schluck. Dann zieht er Briefe aus der Manteltasche. »Lauter Beschwerdebriefe!« sagt er. »Hab' mich im letzten Jahr ein paarmal böse verschenkt. Aus Versehen habe ich Oma Meier Boxhandschuhe gebracht. Nur wegen dieser verflixten Eile pas-

siert so etwas. Aber in diesem Jahr lasse ich mir Zeit. Hilfe habe ich auch keine«, klagt er. »Wirklich, keiner hilft mir beim Wunschzettellesen, Geschenkeaussortieren und Austragen. Alles muß ich alleine machen.« Er trinkt noch einen Schluck Tee.

»Du kannst Weihnachten doch nicht verschieben«, sagt Rikki. »Das geht nicht.«

»O doch, ich kann!« sagt der Weihnachtsmann. »Hatschi«, macht er und sagt: »Ich bleibe einfach hier und schenke mir ein paar ruhige Tage. So bekomme ich wenigstens auch mal was geschenkt.«

Aufgeregt sagt Rikki: »Schon seit Wochen freuen wir uns auf den Tag wie auf keinen anderen. Du darfst uns den nicht verderben. Sitz nicht rum. Tu was! Aber schnell! Dann klappt es morgen vielleicht doch noch rechtzeitig mit der Bescherung. Und das wäre mein größter Wunsch.«

»Hm«, macht der Weihnachtsmann, und Rikki sagt: »Ich stricke dir auch einen Schal zu Weihnachten, damit du nicht frierst und auch mal ein Geschenk bekommst.«

Zögernd sagt der Weihnachtsmann: »Einen Schal hätte ich gerne.«

»Und ich könnte dir beim Transportieren der Geschenke helfen«, schlägt Rikki vor.

»Du?« fragt der Weihnachtsmann.

»Na ja, eigentlich mehr meine Katze«, sagt Rikki und erzählt, wie sie mit der riesengroßen Fernglaskatze blitzschnell hierhergekommen ist. »Die kann viel tragen. Und das Weihnachtsgeschenke-Verteilen ginge mit ihr auch schneller.«

»Ach so«, sagt der Weihnachtsmann, »du hast schon eine Katze.«

Heißt das, daß ich eine zu Weihnachten bekommen soll? überlegt Rikki und sagt schnell: »Ne, die Fernglaskatze gehört eigentlich den Nachbarn gegenüber.«

Sie gehen vor das Haus. Kalt und dunkel ist es draußen. Rikki zeigt auf das Schneedach. Dort oben, neben dem warmen Schornstein, liegt die Katze, schwarz und weiß. Der Weihnachtsmann guckt durch das Fernglas. »Oh«, staunt er, »riesig, deine Fernglaskatze.«

Da springt die Katze sehr groß vom Dach. »Hier gibt es bald was zu tun für mich«, sagt sie. »Ich habe alles durch den Schornstein mitgehört und bin einverstanden.«

Der Weihnachtsmann reibt sich die Hände. »Na gut«, sagt er. »Ich glaube, wenn mir die Fernglaskatze hilft, schaffen wir die Bescherung wirklich noch rechtzeitig.«

»Also wird Weihnachten nicht verschoben?« fragt Rikki.

»Nein«, sagt der Weihnachtsmann und seufzt: »Obwohl es mal schön wäre, alles in Ruhe zu erledigen. Na, vielleicht klappt es im nächsten Jahr.«

Rikki atmet auf. Der Weihnachtsmann verlangt: »Den Schal strickst du mir wirklich.«

»Bestimmt!« verspricht Rikki.

Jetzt sagt der Weihnachtsmann: »Also, morgen früh kommt die Fernglaskatze und hilft mir. Sei pünktlich.«

»Ich bin immer pünktlich«, schnurrt die Katze. Dann fällt Rikki ein: »Ich muß schnell nach Hause. Sonst merken meine Eltern, daß ich weg war.«

»Bitte aufsteigen«, sagt die riesengroße Fernglaskatze. Rikki legt sich in ihr Fell. »Lauf!« ruft sie, und die Katze läuft los.

Rikki dreht sich um. Sie sieht den Weihnachtsmann vor seinem Haus, und der winkt. Unter ihnen rast der Boden vorbei. Schon rennen sie durch den ersten Wald. Herrlich weich ist es im Fell.

Ob ich morgen wirklich eine Katze bekomme? überlegt Rikki.

Könnte sein. »Lauf, Katze! Los! Lauf schnell!« ruft sie.

Weihnachten wird nicht verschoben! jubelt es in Rikki.

Ein Glück. Ein Riesenglück.

DAVID HENRY WILSON

Superhunds Weihnachtsgeschenk

Menschen sind komische Tiere. Wie komisch, das will ich euch an einem Beispiel erzählen, einem sehr merkwürdigen Fall von menschlichem Benehmen. Der Fall heißt Weihnachten. Es handelt sich um einen einzigen Tag, der nur einmal im Jahr vorkommt, und egal, wie man sich fühlt, jeder hat an diesem Tag glücklich zu sein. Es kann sein, daß der Wind wie ein Rudel Wölfe heult und man vielleicht nicht weiß, wo das nächste Stück Hundekuchen herkommen soll – das macht alles überhaupt nichts. Wenn Weihnachten ist, hat man einfach glücklich zu sein. Ich lebe schon eine ganze Zeit bei den Browns, aber ich erinnere mich noch gut an mein erstes Weihnachten bei ihnen. Ich war damals noch ein ganz kleiner Hund und so dumm zu glauben, daß die Dinge immer so sind, wie sie aussehen.

Die Familie hatte schon seit Wochen von Weihnachten geredet, und obwohl ich damals noch weniger über Weihnachten wußte als heute, sagte mir mein fabelhaftes Gehirn, daß es etwas sehr Angenehmes sein müßte. Tony und Tina, die beiden Brown-Kinder, waren besonders aufgeregt und redeten andauernd darüber, was sie wohl für Geschenke kriegen würden.

Ein paar Tage vor Weihnachten schleppten Mr. und Mrs. Brown einen stacheligen grünen Baum ins Wohnzimmer. Zuerst dachte ich, der wäre für mich, denn draußen war es sehr kalt geworden. Als ich aber an den Baum ging und gerade ein Bein heben wollte, erklärten sie mir energisch, daß dieser Baum nicht *dafür* sei, und schubsten mich aus dem Zimmer. Als nächstes wurde der Baum geschmückt und dann das Wohnzimmer. Die Kinder halfen Mr. und Mrs. Brown, Buntpapier und Christbaumkugeln an die Zweige zu hängen, und ich versuchte mitzuhelfen, bis mir so eine Christbaumkugel im Hals steckenblieb. Sie mußten mich wegtragen, damit ich sie wieder rauswürgen konnte. Ihr müßt bedenken, daß ich damals noch sehr klein war, und selbst ein Superhirn kann nicht alles wissen, es muß erst Erfahrungen sammeln. Heute halte ich mich in gebührender Entfernung, wenn irgendwo etwas geschmückt wird. Es sind nicht nur die Christbaumkugeln, denen man aus dem Weg gehen muß, es sind auch Hämmer, die einem auf den Kopf fallen, Füße, die über einen stolpern, oder eine Leiter, gegen die man rennt, wenn Mrs. Brown gerade oben steht.

Der Weihnachtsbaum wurde also geschmückt. Ich war gerade die Christbaumkugel losgeworden, als Tina eine sehr wichtige Frage stellte.

»Was schenken wir eigentlich Wuffi zu Weihnachten?« fragte sie.

Bis zu dem Augenblick war mir Weihnachten ziemlich schnuppe, aber jetzt war ich plötzlich hellwach.

»Ach ja«, sagte Mr. Brown, »an Wuffi haben wir noch gar nicht gedacht!« *Er* hatte wahrscheinlich nicht an Wuffi gedacht. *Ich* denke die ganze Zeit an Wuffi.

»Vielleicht«, sagte Mr. Brown, »vielleicht bau' ich ihm den Zwinger, den ich schon längst bauen wollte. Obwohl das eine Menge Arbeit ist. Vielleicht lass' ich es auch. Ich weiß noch nicht. Was meinst du, Liebling?«

»Ich hab' auch noch nicht an Wuffi gedacht«, sagte Mrs. Brown. »Aber es wird mir schon was einfallen.«

»Siehst du, Wuffi«, sagte Tina und drückte mich fest an sich, »du kriegst auch was zu Weihnachten!«

Und da rannte ich laut bellend und aufgeregt durchs Wohnzimmer, bis ich zufällig gegen einen Teetisch stieß, der unter einer Blumenvase stand, die voll Wasser war, das mich ganz naß machte und den Teppich auch, als die Vase krachend umfiel. Mr. Brown war nicht gerade entzückt.

Den ganzen nächsten Tag überlegte ich, was ich wohl zu Weihnachten kriegen würde. Ich hörte bei jeder Unterhaltung zu, paßte auf, wenn Mrs. Brown ihre Einkaufstaschen leerte, schnupperte an jedem Päckchen, das unter den Weihnachtsbaum gelegt wurde – aber nichts hörte sich an, sah aus oder roch wie ein Geschenk für Wuffi. Ich dachte manchmal sogar, womöglich haben sie mich vergessen, aber dann hörte ich, wie Tony Mrs. Brown fragte, ob sie etwas für mich gekauft habe. Die Ohren hüpften mir fast vom Kopf.

»Ja«, sagte Mrs. Brown.

»Was denn?« fragte Tony.

Mir wurde abwechselnd heiß und kalt.

»Wirst du schon sehen«, sagte Mrs. Brown.

Und das war alles, was sie sagte. Die Spannung war unerträglich. Selbst ein gewöhnlicher Hund hätte sie kaum ausgehalten. Als junger, außerordentlich super-intelligenter Hund konnte ich einfach nicht mehr an mich halten: Ich machte einen See auf den Teppich im Flur.

Danach ging ich in die Küche und tat so, als ob ich von nichts wüßte, aber irgendwie muß Mrs. Brown doch gedacht haben, daß es *mein* See war, und so kriegte ich den üblichen Klaps auf den Hintern. Woher wußte sie eigentlich so genau, daß es *mein* See war? Ich hab' es immer als ungerecht empfunden, daß man mich automatisch für schuldig hält. Ich finde, es hätten ja auch die Kinder sein können, oder etwa nicht? Oder Mr. Brown . . .

Jedenfalls kommt jetzt der Hauptteil meiner Geschichte, nämlich das, was sich an diesem Abend und am nächsten Morgen abspielte. Wie ihr euch vorstellen könnt, kriegte ich in dieser Nacht kein Auge zu; ich lag in meinem Korb und überlegte immerzu, was ich wohl geschenkt kriegen würde. Es war klar, daß es etwas anderes sein mußte als das, was ich sonst auch kriege – deshalb schieden Knochen, Fleischdosen, Hundekuchen und (so hoffte ich) Gebadetwerden und Anschnauzer von vornherein aus. Andererseits gab es auch nicht viel, was ich wirklich gern gehabt hätte – außer natürlich leckere Sachen zu fressen. So wurde mir allmählich immer deutlicher, daß mein Weihnachtsgeschenk eigentlich nur etwas Freßbares sein konnte. Die nächste Überlegung war, wo Mrs. Brown das Geschenk wohl versteckt haben könnte. Nun, für ein Hirn wie meins war das kein Problem. Wo versteckt man normalerweise Freßsachen? Natürlich in der Küche. Ich schlich mich in die Küche. Im Mondschein machte ich die Speisekammertür auf und schnüffelte ein bißchen herum, aber es war nichts Besonderes zu erschnüffeln. Ich machte jeden Küchenschrank einzeln auf, und ich schaffte es sogar, ein paar Schubfächer in den Schränken rauszuziehen. Aber da waren nur Töpfe und Tassen und Papiere und Pakete und Besen und Bürsten und Büchsen und Bestecke – lauter blöde, langweilige Sachen, die unmöglich Geschenke für einen Superhund oder auch einen gewöhnlichen Hund sein konnten.

Ich hatte schon fast aufgegeben, als ich am Backofen vorbeikam. Irgend etwas an diesem Backofen ließ mich stehenbleiben, schnuppern, die Nase in die Luft recken und noch mal schnuppern. In der Küche war ein ganz bestimmter Geruch, der sich von allen anderen Küchengerüchen deutlich unterschied – süßer, saftiger, irgendwie fleischiger. Das war genau der Geruch, der in einem Superhund das Bedürfnis weckt, die Backofentür aufzumachen. Und wie es der Zufall so wollte, fiel mir wieder ein, daß der Backofen-Türgriff ja vor ein paar Wochen abgebrochen war. Mrs. Brown hatte dauernd zu Mr. Brown gesagt, er solle den Griff festmachen, und Mr. Brown hatte dauernd gesagt, er würde es schon machen, machte es dann aber doch nicht, sondern befestigte einfach ein Stück Bindfaden. Ich hatte nicht die geringsten Schwierigkeiten, die Schnur mit meinen superscharfen Zähnen durchzubeißen. Flupp! Die Tür ging auf, fast ohne daß ich sie berührt hätte. Der Duft, der mir entgegenströmte! Wie kann ich ihn beschreiben? Es war ein Duft, der durch die Nase direkt ins Maul zieht, die Zähne kitzelt und die Zunge . . . In meinem Leben hatte ich noch nie so einen Hunger gespürt.

Und wo kam dieser Duft her? Gebratener Truthahn. Ich konnte es nicht fassen. Ein gebratener Truthahn, groß und braun und so knackig-saftig, wie man ihn sich nur wünschen kann. Was für ein Weihnachtsgeschenk! Ich wäre am liebsten die Treppe raufgerast, rein ins Schlafzimmer und hätte Mrs. Brown tausend Küsse gegeben – aber ich tat es nicht. Weil da etwas war, das noch viel dringender war. Kein Hund, kein Lebewesen hätte diesem Geruch widerstehen können. Ich steckte meinen Kopf in den

Backofen, packte einen Truthahnschenkel und zerrte den ganzen herrlichen Vogel heraus, runter auf den Küchenfußboden. Das Blech, auf dem er lag, schepperte gewaltig, und für eine Sekunde durchfuhr mich die Angst, es könnte jetzt jemand aufwachen. Aber das Haus blieb ruhig.

Ihr könntet jetzt sagen, daß ich lieber bis zum nächsten Tag hätte warten sollen, um mich richtig über mein Geschenk zu freuen, aber ihr dürft nicht vergessen, daß ich noch sehr jung war, und junge Hunde haben nicht so viel Geduld wie alte. Außerdem wollte ich ja auch bloß ein paar Hapse abbeißen – schließlich war es *mein* Geschenk, und den Browns würde es egal sein. Mir aber nicht. Ich biß also kräftig zu, und ihr könnt mir glauben: Noch nie habe ich so etwas Köstliches gefressen wie diesen Truthahn. Weihnachten, so fand ich jetzt, war doch eine der besten Ideen, auf die die Menschen je gekommen sind.

Ich hatte mich ungefähr halb durch mein knuspriges Geschenk gefressen, als mir ein bißchen schlecht wurde. Das einzige, was man in einer solchen Situation tun kann, ist, sich hinlegen und schlafen, und das wollte ich. Bevor ich einduselte, dachte ich daran, daß ich der glücklichste Hund der Welt wäre. Vielleicht würden die Browns ein bißchen enttäuscht sein, daß ich mein Geschenk schon *vor* Weihnachten entdeckt hatte. Aber es lohnte sich jetzt nicht mehr, den Puter in den Ofen zurückzuschleppen – außerdem würden sie vermutlich sowieso lachen und sagen, was für ein schlauer Hund ich doch sei, daß ich mein Weihnachtsgeschenk schon gefunden hatte.

Aber das haben sie dann nicht gesagt, und sie haben auch nicht gelacht, und ich war alles andere als der glücklichste Hund der Welt.

Es kam alles ganz anders.

Als Mrs. Brown am nächsten Morgen in die Küche kam, weckte mich ihr entsetztes Wutgeschrei nicht nur aus tiefstem Schlaf – es verwandelte mich auch sofort in ein bibberndes Häufchen Elend. Nie in meinem Leben habe ich solche Angst gehabt. Auf ihr Schreien hin kamen Mr. Brown, Tony und Tina die Treppe runtergerannt, und man konnte ihren Gesichtern ablesen, daß sie nicht etwa enttäuscht darüber waren, daß ich mein Geschenk zu früh gefunden hatte – der Truthahn war nämlich gar nicht mein Geschenk.

Der Truthahn war der Weihnachtsbraten.

Woher sollte ich das, bitte schön, wissen? Ich versuchte ihnen zu erklären, was passiert war, aber ich wußte gleich: Sie würden es nie begreifen. Vielleicht Tony und Tina, weil sie beide sagten, es sei nicht meine Schuld, und später sagte Mrs. Brown noch, es sei Mr. Browns Schuld, weil er den Backofen-Türgriff nicht heilgemacht hatte. Aber daran hatte sie wohl nicht gedacht, als sie mich mit dieser wütenden, entsetzten Stimme aufweckte, und auch nicht, als ich im Schuppen draußen saß und mich langsam von einem schweren Schock und plötzlichem Durchfall erholte. Trotzdem: Am Nachmittag hatten sie offenbar beschlossen, mir zu verzeihen, und Tina durfte mich wieder ins Haus holen. Und dann passierte etwas Überraschendes. Mrs. Brown hatte nämlich *tatsächlich* ein Weihnachtsgeschenk für mich! Es war ein Gummiknochen. Ich bitte euch – ein Gummiknochen! Kann man sich etwas Widerwärtigeres als einen Gummiknochen vorstellen? Stellt euch vor, ihr sollt an einem Gummiknochen herumkauen, nachdem ihr gerade einen halben Truthahn verspeist habt. Mir wurde schon vom bloßen Geruch schlecht. Aber wie ich schon oft bemerkt habe, die Menschen begreifen so etwas nicht. Genauso wütend, wie sie darüber waren, daß ich mich über das beste Weihnachtsgeschenk der Welt gefreut hatte, genauso würden sie mich dafür lieben – ich hatte das schon im zartesten Alter kapiert –, wenn ich so tat, als ob ich mich über das blödeste Weihnachtsgeschenk der Welt freute. Ich nagte also an diesem Knochen herum, wedelte mit dem Schwanz, japste und rollte mit den Augen.

»Bitte«, sagte Mrs. Brown, »er mag ihn!«

Wenn man Weihnachten unbedingt glücklich sein muß, dann hat man glücklich zu sein.

Aus dem Englischen von Helmut Winter

3. Kapitel

Rund um die Krippe

RUDOLF OTTO WIEMER

Es geht ein heimlich Funkeln

Es geht ein heimlich Funkeln
durch alle Welt verhüllt.
Es geht ein Stern im Dunkeln,
die Zeit ist nun erfüllt.

Die Weisen in den Winden
sind aller Fragen satt.
Der Engel soll sie finden,
der gute Botschaft hat.

Die Hirten in den Flocken
haben nicht Haus noch Licht.
Bald wird ein Wort frohlocken,
das heißt: Fürchtet euch nicht!

Ein Kind wird uns geboren
im Stall bei Lamm und Stier.
Die Welt ist nicht verloren:
Das Himmelreich ist hier.

WINFRIED WOLF

Eine Weihnachtsgeschichte

Am Nachmittag vor Weihnachten saß Clemens am Fenster und starrte traurig hinaus.

»Was ist los mit dir?« fragte ich.

»Ach«, klagte er, »morgen ist Weihnachten, und es regnet und regnet! Warum schneit es nicht?«

»Weil es zu warm ist«, antwortete ich. »Wenn es kälter wäre, würde es bestimmt schneien.«

»Es hängt also von der Kälte ab, ob es schneit oder nicht?« fragte er.

Ich nickte.

Einen Augenblick überlegte er, dann rief er fröhlich: »Na, dann machen wir es halt kalt! Wir stellen einfach unseren Kühlschrank ins Freie und machen die Tür ganz weit auf.«

»Das ist zwar ein guter Vorschlag«, sagte ich lachend, »aber das würde nicht ausreichen, leider.«

»Die Erwachsenen«, sagte Clemens heftig, »können doch sonst alles machen. Sie fliegen zum Mond und schicken uns Kinder in die Schule. Warum können sie nicht einfach bestimmen, daß es Weihnachten schneit?«

»Auf das Wetter haben die Erwachsenen keinen Einfluß«, erklärte ich. »Und es ist auch gut so. Stell dir vor, was es dann für Streitereien gäbe! Der eine möchte es warm haben, der andere kalt, und wieder ein anderer möchte gern Regen haben, damit seine Radieschen schneller wachsen.«

»Na gut«, sagte Clemens, »aber Weihnachten ohne Schnee ist Mist!«

»Ich verstehe schon«, erwiderte ich, »aber das Christkind ist auch zur Welt gekommen ohne Schnee.«

»Ist das wirklich wahr?« staunte Clemens.

80

»Ja, sicher«, antwortete ich, »es ist ein Palästina zur Welt gekommen, und dort ist es so warm, daß es nie oder fast nie schneit. Und viele Kinder auf der Welt feiern Weihnachten, ohne daß sie jemals Schnee gesehen hätten. Und sie freuen sich trotzdem! Weihnachten ist ja auch das Fest der Kinder. Es wird der Geburtstag eines Kindes gefeiert, und das finde ich schön an diesem Fest. Deswegen, meine ich, sollten alle Kinder an diesem Tag fröhlich sein, egal, ob es regnet oder schneit.«

»Na ja«, knurrte Clemens und stapfte davon.

»Wo gehst du hin?« rief ich hinterher.

»Auf mein Zimmer, mit dem Christkind reden!«

Am Weihnachtsmorgen zog ich gleich die Vorhänge auf. Aber alles war grau in grau, von Schnee keine Spur. Armer Clemens, dachte ich.

Doch da kam er schon ins Schlafzimmer und rief: »Du, es hat geschneit!«

»Wo?« fragte ich verwundert. »Ich sehe nichts.«

»Komm mal mit!« sagte er da.

Er führte mich ins Kinderzimmer.

Der ganze Boden war übersät mit Papierfitzelchen, und an den Fenstern klebten unzählige Papierfetzen.

»Siehst du«, sagte Clemens stolz, »es hat doch geschneit! Hat mir das Christkind vorgeschlagen!«

»So«, sagte ich verblüfft, »das Christkind!«

»Ja«, bekräftigte er, »das stammt direkt vom Christkind!«

In diesem Jahr feierten wir Weihnachten im Kinderzimmer. Es war ganz besonders schön in dem vielen Schnee, der überhaupt nicht kalt war, und naß war er auch nicht!

Malins Weihnachtsgeschenk

Die Schule war in einem kleinen roten Haus. In diese Schule ging Malin. Sie war neun Jahre alt. Am zweiten Juli hatte sie Geburtstag. Mitten im Sommer.

Malin hatte ein Geheimnis. Aber das erzählte sie niemandem.

Ja, eine Weile hatte sie sogar zwei Geheimnisse.

Das eine hätte sie fast Johan erzählt. Das war, als das erste Schuljahr vorbei war. Alle in der Klasse hatten ihre Sonntagskleider an. Die Lehrerin trug ein Kleid mit Blumen drauf. In einer Vase steckte ein großer Strauß Flieder. Der duftete durch das ganze Schulzimmer.

Malin hätte fast geweint. Der Sommer war so lang. Es würde lange dauern, ehe die Schule wieder anfing. Sie mußte einfach nach vorn gehen und die Lehrerin ganz fest umarmen.

Dann gingen sie zur Kirche. Dort spielte Anderson auf der Orgel. Malin wußte, daß es Anderson war. Obwohl sie ihn nicht sehen konnte.

Und er spielte so, daß die ganze Kirche voll Musik war. So etwas Wunderbares hatte Malin noch nie gehört. Die Sonne leuchtete durch die Fenster der Kirche und mitten hinein in die Musik, die aus der Orgel floß. Malin wurde fast krank. Die hellen Härchen auf den Armen richteten sich auf. Sie kriegte eine Gänsehaut. Sie zitterte am ganzen Körper. Sie fror und konnte fast nicht atmen.

»Hast du schon mal so was Wunderbares erlebt?« fragte Malin Johan, als sie die Kirche verließen.

»Weil wir Sommerferien haben? Ja, das ist wunderbar«, sagte Johan und fing an, auf der Stelle zu hüpfen.

»Nein, die Musik«, sagte Malin.

»Welche Musik?« fragte Johan.

Da begriff Malin, daß Johan nicht dasselbe gefühlt hatte wie sie.

Den ganzen Sommer suchte Malin nach ihrer Musik. Manchmal kam ein bißchen im Fernsehen. Manchmal hörte sie ein bißchen im Radio. Nisse, der fünf Jahre älter war, hatte ein Tonbandgerät. Aber er mochte nur die Musik, die die anderen mochten. Wonach Malin sich sehnte, das war etwas ganz anderes.

Aber das sagte sie niemandem. Es blieb ein Geheimnis. Ein bißchen komisch war das. Sie mochte Musik, die sonst niemand mochte. Aber daran war wohl nichts zu ändern.

Die Sommerferien waren jedenfalls gar nicht so lang. Plötzlich fing die Schule wieder an. Die Lehrerin war braun gebrannt und trug ein gelbes Kleid. Sie war sehr hübsch.

Dann wurde es Herbst und Weihnachten und Winter und Frühling.

Malin wurde unruhig, als das Ende des Schuljahrs kam. Sie war unruhig, als sie in die Kirche ging, und sie war unruhig, bis Anderson anfing zu spielen. Da wurde sie ganz ruhig. Es war genauso wunderbar wie im letzten Jahr.

Malin fand, daß die Musik ihr durch und durch ging. Als ob sie selbst zu Musik würde. Der ganze Körper und der ganze Kopf waren voller Musik.

In dem Sommer starb die alte Frau Bergman, die im Haus nebenan wohnte. Neue Nachbarn zogen ein. Sie hießen Jönsson und hatten keine Kinder. Aber sie hatten ein Klavier.

Und gleich am ersten Abend spielte Frau Jönsson auf dem Klavier. Malin setzte sich auf den Rasen. Aus dem offenen Fenster kam die richtige Musik. Solche Musik wie in der Kirche. Obwohl es ein Klavier und keine Orgel war.

Malin stand auf, ging langsam durch das Gartentor, um die Hausecke und in das Haus von der alten Frau Bergman.

Da saß Frau Jönsson und spielte. Obwohl die Kisten und Möbel noch in einem einzigen Durcheinander herumstanden.

Und sie hörte auch nicht auf zu spielen, obwohl Malin ins Zimmer kam. Sie lächelte nur und spielte und spielte. Während Herr Jönsson Bilder und Gardinen aufhängte.

»Du magst Musik wohl sehr«, sagte Herr Jönsson.

»Jaa«, flüsterte Malin. »Aber nur diese Musik.«

»Das ist Mozart«, sagte Frau Jönsson und drehte sich um. »Spielst du auch?« Malin schüttelte den Kopf.

»Komm«, sagte Frau Jönsson und setzte Malin auf den Stuhl. »Jetzt spielst du.«

Malin sah sie an. Aber Frau Jönsson machte keinen Spaß.

Malin schlug eine weiße Taste an und dann eine schwarze. Und mehr schwarze und mehr weiße, bis das ganze Zimmer voller Töne war. Nein, das klang nicht wie in der Kirche. Oder wie Frau Jönssons Musik. Aber es klang.

In diesem Herbst lernte Malin Variationen über »Morgen kommt der Weihnachtsmann« auf dem Klavier spielen. Frau Jönsson brachte es ihr bei. Und das war das zweite Geheimnis. Bis Weihnachten.

Malin übte und übte und übte. Und als Weihnachten kam, konnte sie es. So leicht wie nur was.

Heiligabend, als Mama und Papa und Großvater und Nisse und Malin gerade zu Mittag gegessen hatten, klingelte Frau Jönsson an der Tür.

»Malin hat ein Weihnachtsgeschenk für Sie. Ein Geheimnis. Das will sie Ihnen bei uns zeigen. Können Sie nicht alle miteinander zum Kaffee herüberkommen?«

Mama und Papa verstanden nichts. Nisse kam nicht mit. Aber die anderen gingen zu Jönssons. Und da setzte Malin sich ans Klavier und spielte. Langsam und weich und vorsichtig. Aber ganz richtig.

»Ja, was ist das denn?« sagte Mama.

»Wir haben den ganzen Herbst geübt. Malin kann mehrere kleine Stücke von Mozart«, sagte Frau Jönsson.

»Aber warum sollte sie spielen?« sagte Papa. »Wir haben ein Tonbandgerät und ein Transistorgerät und Radio und Fernsehen und Schallplatten.«

»Aber das ist nicht meine Musik«, sagte Malin langsam. »Und diese Musik hab' ich gemacht. Nach diesen Noten.«

»Du hast einen komischen Geschmack«, sagte Großvater.

»Das ist doch weder Pop noch Rockmusik oder ABBA.«

Aber Malin wurde weder böse noch unsicher oder traurig. Frau Jönsson, die Anna hieß, mochte Mozart. Dann konnte Malin ihn auch mögen. Sie war nicht allein mit ihrem Geschmack, nicht mehr.

Obwohl Mama und Papa und Großvater sie ansahen und den Kopf schüttelten.

Dann spielte sie noch ein Stück von Mozart.

Aber in der Schule erzählte sie niemandem von ihrer Musik. Das blieb ein Geheimnis. Niemand in der Schule sollte es wissen.

Erst viele Jahre später, als sie mit der Schule fertig waren. Es gab eine große Abschlußfeier. Da saß Malin vorn am Klavier und spielte ein langes Stück von Mozart. Mama und Papa saßen dabei und nickten und waren sehr stolz.

Aber richtig haben sie Malins Geheimnis wohl nie verstanden. Oder wie man so voll von Musik sein kann, daß der Körper zittert und die Härchen sich auf den Armen aufrichten.

Aus dem Schwedischen von Angelika Kutsch

JOSEF LADA

Die Tiere an der Krippe

*T*ief im Wald lebte vorzeiten ein alter Einsiedler mit seinem Hund Lumpi. Dieser Einsiedler konnte weissagen, und oft sagte er wichtige Dinge voraus. Alle diese Weissagungen schrieb er in ein dickes Buch, und später sah er dort nach, ob er richtig prophezeit hatte.

Eines Tages holte der Einsiedler das Buch wieder einmal vom Wandbrett, setzte eine sehr bedeutsame Miene auf und weissagte: »In der Nacht vom vierundzwanzigsten auf den fünfundzwanzigsten Dezember dieses Jahres wird um Mitternacht in der Stadt Bethlehem das Jesuskind geboren werden, der Heiland der Welt. Es wird in einem armseligen Stall zur Welt kommen, auf blankem Stroh wird es liegen, nur ein Ochs und ein Eselein werden es mit ihrem Atem wärmen . . .«

Da spitzte der Hund Lumpi die Ohren und lauschte, aber mehr erfuhr er nicht. Danach überlegte er den ganzen Tag, warum von allen Tieren nur Ochs und Esel die Ehre haben sollten, das Jesulein anzuhauchen. Hätte man den heiligen Dienst nicht so einteilen können, daß sich alle Tiere darin abwechselten?

Aber was einmal geweissagt war, ließ sich wohl nicht mehr ändern.

Nun beschloß Lumpi, alle anderen Tiere zu benachrichtigen, damit jedes ein Geschenk für das Jesulein vorbereitete. Er lief in den Wald zu der schwatzhaften Elster. Ihr erzählte er, was er von seinem Herrn, dem Einsiedler, vernommen hatte. Die Elster riß staunend den Schnabel auf.

Dann flog sie davon, um die große Neuigkeit im ganzen Wald zu verkünden.

Nun überlegten die Tiere fleißig, welche Gaben sie für das Jesuskind zurüsten sollten.

Manche hatten sogleich ein schönes Geschenk bereit, andere zerbrachen sich lange vergeblich den Kopf, bis ihnen etwas Passendes einfiel.

Die Gans zupfte sich jeden Tag ein paar Flaumfedern aus und verwahrte sie in einem alten Mehlsack. Davon sollte das Jesulein ein Federbett bekommen.

Die Geiß holte sich bei ihr Rat, was sie schenken solle. »Ich habe doch gar nichts, was ich schenken könnte«, klagte sie. Beide überlegten hin und her, bis ihnen ein feiner Gedanke kam.

Von dieser Zeit an mußte sich die alte Bäuerin, der die Geiß gehörte, schrecklich mit ihr ärgern, denn sie wollte sich plötzlich nicht mehr melken lassen: Sie sparte ihre Milch als Geschenk für das Christkind auf.

Der Iltis wollte dem Jesulein eigenhändig eine weiche Pelzdecke überreichen. Aber er befürchtete, wegen seines Gestanks werde man ihm den Zutritt zur Krippe verwehren. Deshalb scheuerte er sich täglich am Bach und rieb sich mit wohlriechenden Kräutern ein, daß er bald duftete wie ein ganzer Gewürzladen.

Der Dachs, dieser alte Eigenbrötler, war ganz betrübt.

»O weh!« jammerte er. »Warum muß das Jesulein ausgerechnet im Winter zur Welt kommen, wenn ich im tiefsten Winterschlaf liege? Nun werde ich das schöne Fest verschlafen!« Und er klagte sein Leid dem Gevatter Fuchs. Meister Reineke wußte Rat. Er selbst holte aus dem Jägerhaus eine Weckeruhr und lehrte den Dachs, wie man sie stellte und aufzog.

So ließ sich nun der alte Griesgram Nacht für Nacht aus dem Winterschlaf wecken und sah nach, ob das Bündel Süßholz, das er für das Jesulein vorbereitet hatte, noch an seinem Platz lag. Dann schlief er zufrieden weiter, bis ihn am nächsten Tag das Weckerrasseln von neuem aufschreckte. Aber als er sich wieder einmal die Augen rieb, setzte er sich

Nun blickte er zum Fenster hinaus, und das Herz im Leib stockte ihm. Draußen am Himmel strahlte ein gewaltiger Stern. Dies war für die Tiere das Zeichen, daß es nun Zeit sei, sich aufzumachen. Der Bär und der Iltis, der wilde Eber und das übrige Waldgetier stiegen von den Berglehnen und den bewaldeten Gipfeln ins Tal hernieder. Einträchtig zogen sie mit den Haustieren auf der Landstraße nach Bethlehem.

Auf einem ruhigen Steiglein hastete die Schnecke dahin. Unterwegs holte sie der Frosch ein.

»Ich eile zum Jesulein und will ihm mein Häuschen anbieten«, prahlte sie, »denn ich habe gehört, daß es in einem armseligen Stall zur Welt gekommen ist.«

So kamen die Tiere aller Art herbeigeströmt. Sie drängten sich um den Stall, jedes trug sein Geschenk und wartete geduldig, bis es eintreten durfte. Am Eingang des Stalles sorgte der Polizeihund für Ordnung. Er prüfte die Gaben und ließ ein Tier nach dem anderen zur Krippe hinein. Den mächtigen Elefanten, der größer war als der ganze Stall, bat er höflich, sich vor dem Stall auf die Vorderpfoten zu knien; auch so könne er das Jesulein aus der Nähe betrachten. Hinter dem Stall lag der Löwe auf der Lauer; er strich sich den Schnurrbart glatt und knurrte: »Ich laure hier auf den König Herodes, der das Kind in der Krippe umbringen lassen will!«

Immer neue Tiere kamen zum Stall von Bethlehem. Amseln, Drosseln und Nachtigallen flogen herbei und sangen dem Jesulein Wiegenlieder.

Auch die Schlange glitt heran und schenkte dem Christkind ihre alte Haut; die war zu einem Röllchen zusammengewickelt, aber wenn man sie aufpustete, konnte man meinen, es werde wieder eine richtige Schlange daraus.

Der Schlange folgte das Eichhörnchen mit einem Sack voll Haselnüssen auf dem Rücken; die waren von der allerbesten Sorte, denn es hatte sie eigenhändig ausgewählt.

Der Bär brachte auf einem Stück Birkenrinde eine Honigwabe. Er war völlig verschwollen, so sehr hatten ihn die Bienen zerstochen; aber er lachte fröhlich von einem Ohr zum anderen, als er sah, wie sehr sich das Jesulein über seine Gabe freute.

Die Affen hüpften vor der Krippe herum, sie schnitten Grimassen, vollführten Purzelbäume, daß es ein allgemeines Gelächter gab. Auch das Jesuskind lachte von Herzen mit. Als aber die Zeit gekommen war, da die Hirten zur Krippe kommen sollten, ließ der Polizeihund nur noch die Gans mit ihren Bettfedern zum Jesulein vor.

Dann forderte er die Tiere auf, in aller Ordnung nach Hause zu wandern. Da gehorchten sie und gingen auseinander. Nie mehr konnten die guten Tiere diese schöne Stunde vergessen. Noch ihre Enkel und Urenkel sprachen davon, und in manchen Tierfamilien hat sich die Geschichte bis auf den heutigen Tag erhalten. Unlängst belauschte ich eine Katzenmutter, die ihren Kätzchen davon erzählte. Sie hat aber nicht gemerkt, daß ich ihr dabei zuhörte.

Deutsch nacherzählt von Otfried Preußler

Die Silbergeschichte

Als Frau Muschler auf dem Dachboden ihre Wäsche aufhängte, kam die alte Nachbarin, die in ihrem Verschlag gekramt hatte.

»Ich habe etwas für Julchen zu Weihnachten«, sagte sie.

»Wie nett von Ihnen«, sagte Frau Muschler, »da wird sich Julchen gewiß freuen.«

Die alte Nachbarin schleppte etwas an, was nur so knarrte und quietschte. Es war ein altmodischer Puppenwagen. Er war verbogen und hatte nur drei Räder. Das vierte lag mit dem Verdeck zusammen in dem Korb, in den eigentlich die Puppen gehörten.

Frau Muschler bekam einen Schreck, als sie das alte Gerümpel sah. Aber weil sie sich nicht traute, das Geschenk abzulehnen, bedankte sie sich und schleppte den Puppenwagen in ihre Wohnung.

Als Julchen am Abend im Bett war, schob sie ihn ins Zimmer.

»Sieh dir das Ding an«, sagte sie zu ihrem Mann, der vor dem Fernseher saß, »das hat die alte Nachbarin für Julchen gebracht. Damit lachen die anderen Kinder sie ja aus! Aber was sollte ich machen, die Nachbarin meinte es gut.«

Herr Muschler sah nicht nur fern, sondern las außerdem noch die Zeitung. Er brummte nur: »Hm, so, so, ja, ja, hm.«

»Du findest ihn also auch so scheußlich wie ich«, fuhr Frau Muschler fort. »Meinst du, es würde sich lohnen, ihn noch einmal zu retten? Wenn ich nur wüßte, wie Julchen darüber denkt.«

Herr Muschler sah nicht nur fern und las dabei die Zeitung, sondern steckte sich auch noch eine Zigarette an. Er murmelte: »Ja, ja, so, so, ffft« und blies das Streichholz aus.

Frau Muschler drehte den Puppenwagen hin und her. Das Gestänge war verbogen und voller Rost. Das Strohgeflecht löste sich auf. Die Gardinen am Verdeck waren nur noch Lumpen.

Herr Muschler sah nicht nur fern, las dabei die Zeitung und rauchte, sondern schenkte sich zur gleichen Zeit ein Glas Bier ein. »Hm, hm, hm«, sagte er.

Frau Muschler begann, am Gestänge des Puppenwagens zu zerren, bis es einigermaßen gerade war. Es gelang ihr, das Rad festzumachen. Auch das Verdeck brachte sie wieder an die Stelle, wo es hingehörte. Als sie das Strohgeflecht mit Bindfaden flickte, zerstach sie sich die Finger. In der Küche scheuerte sie den ganzen Puppenwagen mit einer Bürste und heißem Seifenwasser.

Das Fernsehen war zu Ende, und Herr Muschler fand in der Zeitung nichts Neues mehr. Er trank sein Bier aus, drückte die Zigarette aus und kam dann langsam in die Küche.

»Zeit zum Schlafen«, sagte er. Dann sah er den Puppenwagen. »Nanu, das ist ja ein tolles Fahrzeug. Woher stammt denn das?«

»Ich habe es dir schon ein paarmal erklärt«, sagte Frau Muschler, »aber du hörst mir ja nicht zu.«

Herr Muschler fand den Puppenwagen ganz manierlich, nur etwas farblos. Er überlegte und begann dann, in seinem Werkzeugschrank, auf dem Regal und schließlich in der Speisekammer zu kramen. Im Besenschrank fand er, was er suchte. Es war eine große Dose Silberbronze, die er für sein Auto gekauft hatte. Er schob Frau Muschler zur Seite und begann, das Gestell zu versilbern.

»Die Räder auch«, verlangte Frau Muschler. Sie hielt ihm die Farbe, und er strich nach den Rädern auch noch den Griff an.

»Er könnte Julchen vielleicht doch gefallen«, sagte Frau Muschler.

Herr Muschler tropfte etwas Silberbronze auf das Verdeck.

»Paß auf«, rief Frau Muschler und versuchte, es mit ihrer Schürze wegzureiben. Der Klecks blieb. Da strich Herr Muschler auch noch das Verdeck silbern. Als er fertig war, rann an mehreren Stellen die Silberbronze in das Strohgeflecht. Nach kurzer Zeit war es gestrichen, und Herr Muschler stellte die Farbdose auf das Frühstückstablett. Der Puppenwagen war jetzt wirklich prachtvoll. Dafür hatte das Tablett einen Ring. Es blieb nichts anderes übrig, als es zu streichen. Dabei kleckste Herr Muschler den Herd voll.

Schon immer hatte sich Frau Muschler eine versilberte Herdplatte gewünscht. Sie brachte schnell noch einiges, was Herr Muschler anstreichen sollte: den Lampenfuß, den Spiegelrahmen, den alten Mülleimer und die Küchenwaage.

Herr Muschler strich außerdem noch das Ofenrohr, die Gardinenstange, die Türgriffe und den Wasserkessel.

Herrn Muschlers Schuhe waren voller Silberflecke. Weil es die alten waren, kam es nicht darauf an.

Er zog sie aus, und schon waren sie silbern. Sie waren nicht wiederzuerkennen.

Aber die Farbe war auch alle.

Herr und Frau Muschler kamen vor Lachen außer Atem und mußten sich hinsetzen.

»Was macht ihr für einen Lärm?« fragte Julchen und tappte in die Küche. Sie sah überall Silber. Mitten im Raum stand der schönste Puppenwagen, den sie je gesehen hatte.

»Für wen ist der?« fragte sie.

»Der ist für dich«, sagte Frau Muschler.

»Und wem gehören die Silberschuhe?« fragte sie.

»Die gehören mir«, sagte Herr Muschler.

Aber das konnte er Julchen nicht weismachen.

Irgend jemand war gekommen und hatte den Puppenwagen gebracht. Alles, was er angefaßt hatte, war zu Silber geworden. Er hatte seine Schuhe ausgezogen, um niemanden zu stören, und hatte sie dann vergessen.

»Na, meinetwegen, so könnte es auch gewesen sein«, sagte Frau Muschler.

Sie schickte Julchen am anderen Morgen zur Nachbarin: »Erzähl ihr deine Geschichte, sie freut sich darüber!«

Julchen nahm zum Beweis die Silberschuhe mit.

VERA FERRA-MIKURA

Weil Weihnachten ist

*K*annst du ans Telefon gehen, Monika?«

Die Küchenmaschine, mit der Frau Monika Haselnüsse zerkleinert, rattert und knirscht wie ein schwerbeladener Güterzug; deshalb hört Frau Monika das Telefon nicht klingeln. Und sie hört auch nicht, was ihr Mann draußen ruft.

»Oh, der schreckliche Mixer«, stöhnt Herr Bruno.

Er stellt den halbvollen Ölkanister mitten in der Diele ab, dreht sich auf dem Absatz um und hastet ins Wohnzimmer zurück.

Seine Hände sind noch fettig vom Heizöl.

Er hebt den Hörer mit zwei Fingern vom Apparat.

»Ebermann!« Der Hörer flutscht ihm fast aus der Hand, als er die eingeringelte Telefonschnur in die Höhe zieht. »Ja, Ebermann spricht hier! Wer bitte? Welcher Helmut ist dort?«

Der Anrufer lacht ihm vergnügt ins Ohr.

»Kein Wunder, daß du raten mußt, wer ich bin, lieber Bruno. Ich bin der lustige Dicke vom Skikurs! Allerdings ist es länger als ein Jahr her, seit du mir eure Telefonnummer gegeben hast!«

Der lustige Dicke wünscht den Ebermanns frohe Feiertage, und anschließend muß er Herrn Bruno unbedingt erzählen, was ihm seit dem Skikurs alles passiert ist.

Während Herr Bruno dem langen Bericht lauscht (und von einem Fuß auf den anderen steigt), knetet er die Verschlußkappe des Ölkanisters mit der linken Hand. In der Eile hat er die Kappe nicht an den Kanister geschraubt. Das wird er aber gleich nachholen, sobald das Telefongespräch beendet ist.

96

Frau Monika hat indessen die letzten Haselnüsse zerkleinert und mit den Nußbröseln die Torte bestreut. Zufrieden schiebt sie die Torte in den Kühlschrank.

Bevor die Kinder vom Eislaufen heimkommen, will sie schnell noch duschen und sich umziehen.

Schwungvoll verläßt sie die Küche, und schwungvoll marschiert sie in Richtung Badezimmer.

Ein dumpfes Poltern! Ein gellender Schrei!

(Wir wissen schon, was das bedeutet – es war ja vorauszusehen!)

Herr Bruno Ebermann weiß es jetzt auch. »Menschenskind, der Kanister!« keucht er entsetzt, und nun rutscht ihm der Hörer endlich doch aus den Fingern.

»Was ist denn los bei euch?« fragt der Anrufer ins Leere.

Herr Bruno kann die Frage nicht beantworten.

Er hilft seiner Frau, die in der dämmrigen Diele über den Kanister gestolpert ist, auf die Füße, dann packt er den Kanister, aus dem immer noch das Heizöl herausblubbert, und stellt ihn an die Wand.

»Hast du dir weh getan, Monika?« stammelt er. »Ist alles in Ordnung?«

»Schon – nur erschrocken bin ich«, sagt Frau Monika mit einem Zittern in der Stimme.

Im ganzen Haus riecht es nach Gebratenem und Fisch, nach Vanillezucker, Gurkensalat und Tannengrün.

Bei den Ebermanns im fünften Stock riecht es, als hätten sie eine Tankstelle in der Wohnung.

»Hallo, was ist los?« ruft der lustige Dicke noch ein paarmal. »Gibt es Ärger bei euch?«

Schließlich legt er kopfschüttelnd auf.

Die Ebermanns kauern vor dem Ölsee in der Diele und stopfen triefendes Zeitungspapier in die Müllsäcke.

»Ein Glück, daß wir soviel Altpapier haben«, sagt Frau Monika, »damit geht es am besten.«

»Wirst sehen, bald haben wir es geschafft«, sagt Herr Bruno.

Keiner denkt daran, dem anderen Vorwürfe zu machen.

An jedem anderen Tag hätte Frau Monika gesagt: »Deine Schlamperei ist schuld – wer stellt schon einen offenen Kanister mitten in den Weg!«

Darauf hätte Herr Bruno erwidert: »Was kann ich dafür, daß du keine Augen im Kopf hast?«

Doch heute kommen ihnen solche Worte gar nicht in den Sinn.

Heute geschehen überhaupt viele kleine Wunder auf Erden.

Heute, weil Weihnachten ist.

Warum der Bär sich wecken ließ

In jener Nacht, als Engel den Hirten auf den Feldern von Bethlehem die Geburt des Heilands verkünden, hört das auch die Maus. Und sie sieht den großen Stern am Himmel leuchten. »Ein gute Nachricht«, denkt sie und läuft gleich los, es den anderen Tieren weiterzusagen.

Zuerst weckt sie den Hamster, der nicht weit von ihrem Loch wohnt. Der Hamster, der gerade mit seinem Wintervorrat zu tun hat, ist ärgerlich: »Warum störst du mich mitten in der Nacht?«

»Hör zu«, sagt die Maus. »Ich habe eine gute Nachricht für dich. Ein König ist geboren.«

»Ein König? Muß es gleich ein König sein?«

»Ja«, antwortet die Maus, »und er ist größer und stärker als jeder andere König. Komm mit. Wir wollen ihn besuchen.«

»Laß mich in Ruhe. Eine Mäuseneuigkeit glaube ich sowieso nicht.« Boshaft verzieht er sein Gesicht. »Frag mal die Katze, sie ist doch deine Freundin.«

Die Maus blickt sich um. Sie ist ganz allein. Ob der griesgrämige Bursche vielleicht doch recht hat? Für eine Maus ist es nicht ungefährlich, in dieser Jahreszeit unterwegs zu sein. Die Nacht ist kalt, und es fängt an zu schneien. Doch der Stern mit seinem hellen Licht macht der Maus Mut. Der neue König ist groß und stark, denkt sie, er wird mich beschützen. Plötzlich funkeln zwei große Katzenaugen am Wegesrand, die Maus erschrickt. »Entschuldige«, sagt sie, »aber in dieser Nacht dürfen wir uns nicht streiten. Ich bin unterwegs zum neuen König.«

»Was für ein König?« Die Katze leckt sich das Maul.

»Er ist heute geboren, und er ist stärker als du.«

»Woher weißt du das?«

Die Maus hebt das Pfötchen und zeigt auf den hellen Stern.

»Unglaublich«, sagt die Katze, »solch ein Licht habe ich vorher nie gesehen. Eigentlich wollte ich dich fressen. Aber jetzt bin ich neugierig auf den neuen König. Weißt du den Weg?«

»Ja«, sagt die Maus. »Immer dem Stern nach.«

Maus und Katze kommen zum Dorf. Im Dorf schläft Bello, der Hund, in seiner Hütte. Sofort beginnt er zu knurren. »Was wollt ihr?« fragt er mißtrauisch.

»Heute nacht ist ein König geboren«, sagt die Maus, »der ist stärker als du. Wir wollen ihn begrüßen. Kommst du mit?«

»Unmöglich«, sagt der Hund. »Ich muß das Haus meines Herrn bewachen.«

»Dein Herr ist schon unterwegs zum neuen König.«

»Und was geschieht, wenn Diebe kommen?«

»Die sind auch auf dem Weg zum König. Mach dir keine Sorgen, dem Haus wird nichts Böses geschehen.«

»Wenn's wirklich so ist«, sagt der Hund, »komme ich mit.«

Die drei Tiere laufen durch die kalte Winternacht. Voran der Hund, in der Mitte die Katze und am Schluß die Maus. Im Wald treffen sie den Fuchs. Er hat sich im Dorf eine Gans geschnappt und trägt sie im Maul.

»Hab Mitleid«, quäkt die Gans und flattert mit den Flügeln.

»Laß die Gans«, sagt die Maus zum Fuchs, »dazu ist jetzt keine Zeit. Wir sind auf dem Weg zum neugeborenen König.«

»Ein neuer König?« staunt der Fuchs und läßt die Gans los, »mein König ist der Wolf.«

»Viel größer und stärker als der Wolf«, sagt die Maus.

»Glaubst du das wirklich? Was wird der Wolf dazu sagen?«

»Er wird auch mitgehen«, sagt die Maus.

»Und ich fliege voraus«, schnattert die Gans und schwingt sich in die Luft. Der Fuchs ärgert sich. Mißtrauisch stellt er sich hinter den Hund. Aber er geht mit.

Auf dem Berg steht der Wolf. Wild und mächtig sieht er aus. Sein

Knurren ist weit zu hören. Die Maus faßt sich ein Herz. »Höre, Wolf. Kannst du uns sagen, wer dein Herr ist?«

»Mein Herr ist der Bär«, antwortet der Wolf, »und ich kenne keinen, der stärker ist als er.«

»Erlaube«, sagt die Maus, »wir sind auf dem Weg, einen noch mächtigeren Herrn zu besuchen. Kommst du mit?«

Der Wolf überlegt. Gegen ein Abenteuer hat er nichts. Vielleicht gibt es auch etwas zu ergattern. »Los«, sagt er.

So schnell läuft der Wolf, daß die anderen Tiere ihm kaum folgen können. Endlich kommen die Tiere zur Höhle des Bären. Zuerst hören sie ihn nur schnarchen. Er hält seinen Winterschlaf.

Ich muß ihn wecken, denkt die Maus. Sie schlüpft in die Höhle und kitzelt den Bären mit ihrem langen Schwanz an der Nase. Da muß der Bär niesen und öffnet die Augen. »Ein König ist geboren, stärker und mächtiger als du.«

Der Bär erhebt sich schwerfällig und tappt ein paarmal um sich selber. »König, hast du gesagt, stärker als ich?«

»Komm mit vor die Höhle, ich werde dir etwas zeigen. Das hast du noch nie gesehen«, sagt die Maus.

Der Bär folgt der Maus aus der dunklen Höhle.

»Siehst du den Stern am Himmel?«

Der Bär brummt. »Du hast recht, Maus, da muß etwas Besonderes geschehen sein.«

Mit schwerem Schritt macht sich der Bär auf den Weg. Er geht als erster. Hinter ihm läuft der Wolf, der Fuchs hat sich jetzt vor den Hund gestellt. Katze und Maus folgen am Schluß.

Von überall kommen Menschen und Tiere über die Berge und Felder. Darüber wundert sich der Bär. »Die Hirsche, die Rehe, die Kühe, die Hasen, die Schafe! Die Bauern, die Hirten und die Kinder! Wollen die alle zum neugeborenen König?«

»Ja«, sagt die Maus, »das wollen sie.« Da trabt der Bär los. Seine Sohlen wirbeln den Schnee auf.

Hinter dem Berg liegt ein Stall. Die Gans hat ihn schon entdeckt.

»Ist hier der neugeborene König?« fragt sie den Engel. Der Bär hört das nicht. Er reckt sich zu seiner ganzen Größe und drängt sich nach vorn. Erschrocken machen die Tiere und Menschen ihm Platz. Da trippelt die Maus los.

»Habt keine Angst«, ruft sie. »Der Bär tut euch nichts. Er will nur den neugeborenen König sehen.«

»Ja«, brüllt der Bär, »das will ich. Wo ist er, der größer und stärker sein soll als ich?«

»Da«, sagt die Maus. Der Bär sieht, daß der Stern über dem Stall stehengeblieben ist. Er sieht die Krippe und in der Krippe ein kleines Kind.

Das soll der neugeborene König sein? denkt der Bär. Das Kind schaut auf den Bären und streckt seine Hände nach ihm aus.

»Siehst du, wie das Kind leuchtet?« sagt die Maus. Da schämt sich der Bär, weil er so laut gebrüllt hat und weil er den König nicht gleich erkannte. Er beugt sich nieder und macht sich ganz klein. Die Maus ist glücklich. Sie trippelt zurück und setzt sich wieder hinter der Katze in den Schnee.

Seltsam, denkt sie, daß ich es war, die zuerst die gute Neuigkeit gehört hat. Mäuse sind doch die kleinsten und nichtsnutzigsten Geschöpfe. Und doch habe ich sie alle zur Krippe gebracht. Hat man so etwas schon mal gehört?

PAUL MAAR

Weihnachtsüberraschungen

Wenn ich versuche zurückzudenken, dann gibt es nicht viele Weihnachtsabende, an die ich mich noch genau erinnern kann. Die Erinnerungen verwischen und vermischen sich mit der Zeit, weil sie sich zu sehr ähneln. Der Ablauf des Weihnachtsabends blieb immer gleich, das einzige, was wechselte, waren die Weihnachtsgeschenke.

Ein paar Weihnachtsfeste blieben mir allerdings in Erinnerung. Das waren die besonders traurigen (während der Kriegszeit, wenn ich mit meiner weinenden Mutter etwas betreten neben dem Christbaum saß) oder die besonders lustigen.

Aber das aufregendste Weihnachtsfest war zweifellos das, als Vater den Christbaum aus dem Fenster warf.

Die ganze Verwirrung damals kam wahrscheinlich zustande, weil sich meine große Schwester eine Weihnachtsüberraschung ausgedacht hatte, von der zwar ich etwas wußte, nicht aber der Rest der Familie. Und weil sich mein Vater gleichzeitig eine Weihnachtsüberraschung hatte einfallen lassen, von der der Rest der Familie wußte, nicht aber meine große Schwester und ich.

Unsere Weihnachtsüberraschung, also die von meiner Schwester und mir, war Joschi.

Vaters Weihnachtsüberraschung war Tante Rosi.

Joschi war ein japanischer Student, den meine Schwester in München auf der Universität kennengelernt hatte. Während des Sommers war er drei

104

Tage bei uns zu Besuch gewesen. Die ganze Familie hatte ihn auf Anhieb gern; obwohl es schwierig war, sich mit ihm zu unterhalten. Er sprach nämlich kaum ein Wort Deutsch. Mit meiner Schwester unterhielt er sich englisch, aber Englisch konnten meine Eltern nicht, und meine Schwester war es nach ein paar Stunden leid, alles, was sie oder Joschi sagten, zu übersetzen.

Tante Rosi war meine Großtante. Sie kam ab und zu bei uns vorbei, und ich empfing sie jedesmal mit gemischten Gefühlen. Auf die Tante freute ich mich schon, denn sie war nett und wußte, daß eine Großtante ihrem Großneffen immer etwas mitzubringen hatte. Leider brachte sie auch immer Mucki mit. Das war ihr Hund, ein dicker, überfütterter Pudel, der Kinder nicht leiden konnte, jedesmal knurrte, wenn ich in seine Nähe kam, und mich mehr als einmal fast gebissen hätte. Sie mußte Mucki überall mit hinnehmen, weil sie allein lebte und niemand sonst auf Mucki aufgepaßt hätte.

Der Weihnachts-Überraschungs-Plan meiner Schwester sah so aus: Sie war am Nachmittag aus München zurückgekommen, hatte Joschi heimlich mitgebracht, und es war ihr sogar gelungen, ihn unbemerkt in mein Zimmer zu schmuggeln. Da war er vor Entdeckung sicher, denn die Eltern durften am Weihnachtsnachmittag das Kinderzimmer nicht betreten, so war es abgemacht, weil dort die Geschenke für sie versteckt waren.

Joschi sollte sich aus meinem Zimmer schleichen und vor der Tür warten, nachdem wir uns alle im Weihnachtszimmer versammelt hatten. Und wenn wir – wie jedes Jahr – anfingen, »Stille Nacht« zu singen, sollte er die Tür aufmachen und plötzlich im Weihnachtszimmer stehen.

Meine große Schwester hatte mir einen Indianerkopfschmuck versprochen, wenn ich niemandem etwas von dieser Überraschung erzählte. Sie wußte, daß auf meiner Wunschliste an erster Stelle stand: ein Zauberkasten und ein Indianerkopfschmuck aus Federn.

Was wir beide nicht wußten: Fast gleichzeitig mit Joschi war Tante Rosi mit Mucki gekommen. Wir hatten sie nicht gehört, weil wir so mit Joschi beschäftigt waren.

Der Weihnachts-Überraschungs-Plan meines Vaters sah so aus: Er hatte Tante Rosi gleich ins Weihnachtszimmer geschmuggelt. Dort lagen schon die Geschenke für mich: eine Zauberausrüstung mit Hut, Zauberstab und rotem Umhang und eine Indianerfederkrone, die meine Mutter selbst gemacht hatte. Kurz bevor ich ins Weihnachtszimmer kam, sollte Tante Rosi die Federkrone aufsetzen und sich hinter dem zugezogenen Fenstervorhang verstecken. Meinem Vater war klar, daß ich meine Zaubersachen gleich ausprobieren würde, vielleicht sogar ein bißchen enttäuscht darüber, daß der Indianerkopfschmuck, den ich mir so gewünscht hatte, doch nicht auf dem Gabentisch lag. Aber nach meinem ersten Zauberspruch würde sich der Vorhang teilen und Tante Rosi erscheinen, als Indianer mit meiner Federkrone.

Endlich war es draußen dunkel geworden, meine Mutter rief nach uns, die Tür zum Weihnachtszimmer wurde geöffnet. Die Kerzen am Christ-

baum brannten und spiegelten sich in den versilberten Christbaumkugeln. Es roch weihnachtlich.

Zu meiner Überraschung bestanden die Eltern nicht darauf, daß erst
einmal Weihnachtslieder gesungen werden müßten, wir durften uns
gleich die Geschenke ansehen.

Ich entdeckte sofort die Zaubersachen und stürzte mich darauf.

»Gefallen sie dir?« fragte meine Mutter.

»Ganz toll!« rief ich und setzte gleich den spitzen Zauberhut auf, um zu
sehen, ob er mir paßte.

»Sicher willst du den Zauberstab gleich ausprobieren!« sagte mein Vater.

»Nein, erst muß ich den Zaubermantel anziehen«, antwortete ich und
versuchte, mir den Zaubermantel umzulegen. Ich kam mit dem Ver-
schluß nicht zurecht.

Mein Vater stand ungeduldig daneben.

»Ich werde gleich was verschwinden lassen«, sagte ich.

»Verschwinden lassen ist nicht gut«, sagte mein Vater. »Zauberer zaubern etwas her. Am besten etwas Großes, etwas Lebendiges. Keinen
Gegenstand!«

»Vielleicht einen Elefanten?«

»Der ist zu groß, der paßt ja nicht ins Zimmer! Es muß ein Mensch sein!«

»Ein Mensch? Also gut! Ein fremder Mensch?«

Ich dachte an den armen Joschi, der ja immer noch vor der Tür stand, da wir bis jetzt noch keine Weihnachtslieder gesungen hatten.

»Einen Japaner«, rief ich. »Ich werde einen Japaner herzaubern!«

»Japaner!« wiederholte mein Vater ärgerlich. »Fällt dir nichts Besseres ein? Du hast doch den Lederstrumpf gelesen. Na? Jemand aus einem anderen Volk, von ganz weit her!«

»Du hast wohl etwas gegen Japaner?« rief meine Schwester empört und wurde ganz aufgeregt.

»Nein, natürlich nicht, das weißt du doch. Aber es dauert wirklich ewig, bis er sich den Indianer herwünscht!«

»Woher soll ich denn wissen, daß es ein Indianer sein soll!« sagte ich beleidigt und war nahe daran, in Tränen auszubrechen. Ich verstand meinen Vater nicht. Es war doch klar, daß das Ganze ein Spiel war.

Meine Mutter sagte vorwurfsvoll: »Ihr werdet doch am Heiligen Abend keinen Streit anfangen wollen!«

»Du hast recht«, sagte meine große Schwester. »Wir sollten endlich anfangen zu singen.«

»Nein, noch nicht«, sagte mein Vater aufgebracht. »Du singst doch sonst nie gern Weihnachtslieder. Warum denn ausgerechnet jetzt, wo sich dein Bruder einen Indianer herwünschen will!«

»Also gut«, sagte ich. »Zaubere ich einen.«

»Aber von wo soll er kommen?« fragte mein Vater.

»Schau dich mal um, am besten wäre es wie über eine Bühne.« Dabei stellte er sich neben den Fenstervorhang.

»Nein, von der Tür«, sagte ich. Denn ich dachte an Joschi, der immer noch draußen stand.

»Nicht durch die Tür!« Mein Vater wurde ärgerlich. »Er muß durchs Fenster kommen.«

»Nein, durch die Tür«, beharrte ich.

»Durchs Fenster!«

»Jetzt laß doch den Paul wünschen«, sagte meine Schwester mit Nachdruck. »Schließlich ist es doch *sein* Zauberstab.«

Ich merkte, daß mein Vater schon wieder nah dran war, aufzubrausen. Er bekam schon einen ganz roten Kopf, deswegen sagte ich schnell: »Na schön, soll der Japaner durchs Fenster kommen.«

»Der Indianer, der Indianer!« verbesserte mein Vater.

Ich nahm meinen Zauberstab in die rechte Hand und zog einen weiten Zauberkreis über den Vorhang. Ehe ich aber dreimal »Abrakadabra« sagen konnte, stürzte mit lautem Bellen Mucki auf mich zu und biß sich in meinem roten Zaubermantel fest. Einen Augenblick später erschien Tante Rosi im Indianerkopfschmuck zwischen den Vorhanghälften, schrie: »Mucki, brav! Mucki, hierher!«, packte Mucki am Halsband und zog, so stark sie nur konnte. Mucki ließ meinen Zaubermantel aus den Zähnen, Tante Rosi stolperte rückwärts gegen den Christbaum, der Baum kippte und fiel um. Im Nu fingen die Zweige an zu brennen. Tante Rosi schrie »Feuer!« und rannte zur Tür, meine Mutter rief »Wasser!

Schnell!« und lief ihr nach. Tante Rosi erreichte die Tür als erste, riß sie auf, schrie »Huh!« oder »Huch!« oder so etwas Ähnliches und blieb wie versteinert stehen. Etwas verlegen kam Joschi ins Zimmer, lächelte erst und schaute dann erschrocken auf den brennenden Christbaum. Meine Mutter sagte entgeistert: »Der Joschi!« und blieb ebenfalls stehen. Nur mein Vater sagte überhaupt nichts, rannte zum Fenster, riß es auf, packte den brennenden Christbaum und warf ihn mit allen Christbaumkugeln, Strohsternen und vergoldeten Nüssen hinaus in den Schnee.

Später saßen wir dann alle um den Tisch und aßen den Weihnachtssalat aus Kartoffeln, Nüssen und Äpfeln, den es jedes Jahr gab. Joschi strahlte, meine Schwester lachte pausenlos, und mein Vater sagte: »Ich glaube, diesen Weihnachtstag werden wir nicht so schnell vergessen!«

Und damit hat er recht gehabt. Wenn ich mal nach Japan komme, kann ich ja meine Schwester fragen, ob sie sich auch noch daran erinnert.

Quellenverzeichnis

Ingeborg Ambs, *Bald ist's soweit* aus: dies., »Willkommen, lieber Nikolaus«, Südkurier-Verlag, Konstanz 1986. © Ingeborg Ambs.

Barbara Bartos-Höppner, *Der Wunschzettel oder Das Christkind ist da,* aus: dies., »Schnüpperle. 24 Geschichten zur Weihnachtszeit«. © C. Bertelsmann Verlag GmbH, München 1969.

Max Bolliger, *Sollte es das Christkind gewesen sein?* © Max Bolliger.

Elke Bräunling, *Noch vierundzwanzig Tage*, aus: dies., »Noch vierundzwanzig Tage«. © Elke Bräunling.

Achim Bröger, *Die Weihnachtskatze*. © Achim Bröger.

Barbara Cratzius, *Der neue Engel,* aus: dies., »Winter im Kindergarten«. © Verlag Herder, Freiburg 1988.

Vera Ferra-Mikura, *Weil Weihnachten ist*. © Vera Ferra-Mikura.

Hanna Hanisch, *Die Weihnachtsdistel*. © Hanna Hanisch.

Doris Jannausch, *Die Geschichte mit dem Bart*. © Doris Jannausch.

Heidi Kaiser, *Was der Winter bringt*. © Heidi Kaiser.

Masahiro Kasuya, *Der allerkleinste Tannenbaum*. Deutscher Text von Peter Bloch, japanischer Text von Takeshi Sakuma. © des deutschen Textes bei Friedrich Wittig Verlag, Hamburg 1980.

Rolf Krenzer, *Torsten und der Weihnachtsmann,* aus: ders., »Leuchte, Kerze, leuchte«, Menschenskinder-Verlag, Münster 1991. © Rolf Krenzer.

Josef Lada, *Die Tiere an der Krippe* aus: ders., »Kater Mikesch«. © Verlag Sauerländer, Aarau und Frankfurt/Main 1962.

Mira Lobe, *Die Geschichte vom Schneemann, der keiner mehr war,* aus: »Das Kindernest«. © Verlag Herder & Co. KG, Wien 1984.

Paul Maar, *Weihnachtsüberraschungen*. © Paul Maar.

Hans Peterson, *Malins Weihnachtsgeschenk*. © Hans Peterson und für die deutsche Übersetzung © Verlag Friedrich Oetinger, Hamburg.

Margret Rettich, *Die Silbergeschichte,* aus: dies., »Wirklich wahre Weihnachtsgeschichten«. © Annette Betz Verlag, Wien – München 1976.

Margret Rettich, *Nannis Baum,* aus: dies., »Neue wahre Weihnachtsgeschichten«. © Annette Betz Verlag, Wien – München 1986.

Gina Ruck-Pauquèt, *Paradies-Schnee*. © Gina Ruck-Pauquèt.

Ursel Scheffler, *So viel Licht wegen einem Kind,* aus: Gärtner (Hrsg.), »Komm, Weihnachtsstern!«. © Echter Verlag, Würzburg 1992.

Rudolf Otto Wiemer, *Es geht ein heimlich Funkeln*. © Rudolf Otto Wiemer.

Rudolf Otto Wiemer, *Warum der Bär sich wecken ließ*. © Rudolf Otto Wiemer.

David Henry Wilson, *Superhunds Weihnachtsgeschenk*. © David Henry Wilson 1982 (Abdruck mit Genehmigung der Liepman AG, Zürich) und für die deutsche Übersetzung © Verlag Friedrich Oetinger, Hamburg.

Winfried Wolf, *Eine Weihnachtsgeschichte*. © Winfried Wolf.